P.Triegel (Fleischermeisterin)

DUTCH OVEN, der Alleskönner

mit 110 Rezepten und

224 Farbfotos

Impressum

Autorin: Peggy Triegel
Text und Rezepte: Peggy Triegel

Herausgeber: Katja von Roschinsky - Verlag
Bauernende 5
39164 Wanzleben
Tel.: 0178 - 1810398
E-mail: vonroschinsky-verlag@gmx.de

Satz und Gestaltung: Katja von Roschinsky

Druck: Druckerei / KOPA, druckerei-kopa.de

ISBN: 978-3-9816644-3-0

Ausgabe 2016

1. Auflage

P.Triegel (Fleischermeisterin)

Dutch Oven, der Alleskönner

mit 110 Rezepten und 224 Farbfotos

Über die Autorin

Peggy Triegel wurde 1973 in Magdeburg geboren, wuchs bei ihren Großeltern auf und lebt heute auf einem kleinen Bauernhof in der Börde.

Das Wursten hat in ihrer Familie eine lange Tradition, denn schon ihr Urgroßvater und Großvater züchteten im Zuge der Selbstversorgung Schweine und Kaninchen, die sie dann zu Fleisch, Wurst und Schinken weiterverarbeiteten.

Dadurch wurde auch bei ihr schon frühzeitig das Interesse an der Fleischerei geweckt und bereits im Alter von 10 Jahren stellte sie unter Aufsicht des Großvaters ihre erste Bratwurst und ihren ersten geräucherten Schinken her.

Später machte sie ihr Hobby zum Beruf und ist mittlerweile seit über 25 Jahren im Fleischerhandwerk tätig.

Ihre Meisterprüfung legte sie im bayerischen Landshut ab und studierte danach Betriebswirtschaft.

In Zusammenarbeit mit K.v.Roschinsky schrieb Peggy Triegel bisher 23 Broschüren sowie 3 Bücher zum Thema Wurstherstellung und Catering.

VORWORT

Das der Dutch Oven als Kochutensil immer beliebter wird liegt wohl hauptsächlich daran, dass immer mehr Menschen mit dem „Outdoor Cooking", also dem Kochen in der Natur, ein gewisses Gefühl von Freiheit verbinden.

Für die einen steht dabei der willkommene Ausgleich zum alltäglichen Stress im Vordergrund, für andere wiederum bedeutet es Abenteuer und Romantik.

Ich persönlich verbinde damit einfach nur **richtig gutes Essen** vom offenen Feuer in der freien Natur.

Da ich berufsbedingt und auch privat immer auf der Suche nach individuellen Zubereitungsmöglichkeiten von Fleisch und anderen Speisen bin, begann ich vor gut acht Jahren mich mit dem Thema Dutch Oven zu befassen.

Anfänglich faszinierte mich am meisten daran, dass man mit nur einem Gerät Schmoren, Garen, Kochen, Braten, Frittieren und sogar Backen kann.

Und das über dem Lagerfeuer, in einer Feuerschale, auf dem Grillrost oder sogar direkt auf dem Glutbett.

Nachdem ich nun die verschiedensten Vor-, Haupt- und Nachspeisen im Dutch Oven zubereitet und diese Rezepte dabei immer mehr perfektioniert habe, bin ich von diesem schwarzen, gusseisernen „Alleskönner" einfach nur noch begeistert.

Wenn auch Sie zu denen gehören, die gerne mal dem Alltag entfliehen und ihre Kraftreserven beim entspannten Kochen in der freien Natur auftanken, möchte ich meine Begeisterung für den Dutch Oven gerne mit Ihnen teilen.

In meinem Buch finden Sie alle Grundlagen, Hinweise, Rezepte sowie Kniffe und Tricks zu diesem Thema.

Ich wünsche Ihnen eine allzeit schmackhafte Zubereitung in Ihrem Dutch Oven!

Peggy Triegel

INHALT

INHALT

INHALT

INHALT

INHALT

INHALT

INHALT

DER DUTCH OVEN

Ein Dutch Oven ist ein dickwandiger Kochtopf aus massivem Gusseisen und einem fest verschließbaren Deckel, mit dem man über offenen Feuerstellen schmoren, kochen, backen, braten und frittieren kann.

Seinen Namen verdankt er den Holländern, deren Gusseisenproduktion bereits im 17. Jahrhundert qualitativ hochwertiger war als die der übrigen Nachbarländer. Deshalb waren gerade aus diesem Material bestehende Gefäße als Exportgut sehr gefragt.

Im 18.Jahrhundert gelangte dann dieses praktische Kochutensil durch europäische Einwanderer im Zuge der Besiedelung des nordamerikanischen Westens in die spätere USA. Da es dort, im Gegensatz zu Europa, fast keine geschlossenen Feuerstellen gab, war dieser Topf für die Siedler und Kolonisten ein unentbehrliches Hilfsmittel für die Speisenzubereitung. Von ihnen bekam er dann auch herkunftsbedingt den Namen **Dutch Oven**, was übersetzt „Holländischer Ofen“ bedeutet.

Heute wird der Dutch Oven vor allem beim Freizeitkochen im Outdoorbereich eingesetzt, aber auch in Verbindung mit einem Elektroherd oder Backofen als Heizquelle.

Seine Anhänger schätzen dabei besonders den unverwechselbaren Geschmack, den das darin zubereite Essen durch das unbehandelte Gusseisen erhält.

DIE FUNKTIONSWEISE DES DUTCH OVEN

Dutch Oven gibt es in unterschiedlichen Größen und Ausführungen. Um eine optimale Verteilung der Temperatur im Topfinneren zu gewährleisten, werden sie sowohl von unten als auch von oben beheizt.

Damit sie direkt in die Glut gestellt werden können und dabei nicht umkippen, sind die meisten Modelle mit drei Füßen ausgestattet. Auch das Übereineinaderstapeln mehrerer Dutch Oven zur gleichzeitigen Zubereitung unterschiedlicher Speisen ist dadurch möglich.

Alternativ können Dutch Oven durch einen an beiden Seiten befestigten Henkel und mithilfe eines klassischen Dreibeins auch über einer Feuerstelle aufgehängt werden

Um sie auch von oben zu beheizen, wurden ihre fest verschließbaren Deckel mit einem erhöhten Rand versehen, auf den glühende Grillbriketts gelegt werden können. Wird der Deckel nicht zu diesem Zweck oder zum Abdecken des Topfes benötigt, kann man ihn auch als Pfanne benutzen. Dafür wird er einfach umgedreht, auf ein Metallgestell gelegt und in die Glut gestellt. Einige Dutch Oven - Hersteller machen den Einsatz eines Metallgestells überflüssig, indem sie zusätzlich kleine Füße an der Deckeloberfläche angebracht haben.

Dutch Oven werden durch die Dicke des Gusseisens nur sehr langsam erhitzt. Haben sie dann aber die optimale Temperatur erreicht, speichern sie diese über einen längeren Zeitraum. Danach muss man sie nur noch wenig beheizen, um die Speisen schonend und gleichmäßig zu garen.

ÜBERLEGUNGEN VOR DEM KAUF

Wer sich einen Dutch Oven anschaffen möchte, sollte sich vorher gründlich mit diesem Thema befassen.

Als erstes muss entschieden werden, welche Form und Größe der Topf haben soll.

In flacheren Dutch Oven verteilt sich die Hitze besser zur Topfmitte als bei den tieferen Ausführungen. Deshalb sind sie geeigneter für Speisen, deren Zubereitung höhere Temperaturen erfordern.

Demzufolge kommen tiefere Dutch Oven dann zum Einsatz, wenn Speisen mit niedrigen Temperaturen zubereitet werden müssen.
Auch für das Backen von Brot, Brötchen oder Kuchen sind sie den flacheren Modellen vorzuziehen, da die hierfür erforderliche Oberhitze durch die Höhe des Topfes besser regulierbar ist.

Wenn man sich für einen flachen oder tiefen Dutch Oven entschieden hat, muss die richtige Größe entsprechend der zu bekochenden Personenanzahl gewählt werden. Für den Anfang sind meiner Erfahrung nach Töpfe für 4 - 6 Personen bestens geeignet.

Um minderwertige Billigangebote von vornherein auszuschließen, ist dann ein genauer Preisvergleich empfehlenswert.
Denn gerade beim Kauf eines Dutch Oven gilt: **Qualität hat seinen Preis!**

Ist der neu erworbene Dutch Oven dann endlich angekommen, sollte er vor der ersten Benutzung unbedingt auf seine Beschaffenheit geprüft werden.

Die nachfolgende Checkliste hilft Ihnen dabei:

- **Weist das Material überall eine gleichmäßige Dicke auf?**
- **Befinden sich keine scharfkantige Stellen am Topf?**
- **Sind die Füße sowie die seitlichen Henkel nicht zu dünn und sicher am Topf befestigt?**
- **Liegt der Deckel genau auf dem Topf auf?**
- **Hängt der Dutch Oven gerade, wenn man ihn am oberen Henkel hochhebt?**

Lassen sich diese Fragen allesamt mit **Ja** beantworten, steht dem Einsatz Ihres ersten eigenen Dutch Oven nichts mehr im Weg!

DUTCH OVEN GRÖSSEN

Die Größe eines Dutch Oven wird entweder in Zoll für den Durchmesser oder in Quart für das Fassungsvermögen angegeben.

Ein Zoll entspricht 2,54 cm und ein Quart 0,946 Liter.

Da die Größenangaben, die sich meist auf dem Deckel befinden, etwas verwirrend sein können, sollte man sich vor dem Kauf mit Hilfe der Angaben des Herstellers über das genaue Volumen des Topfes in Litern informieren.

Als Einsteigermodell würde ich einen flachen 12“ Dutch Oven empfehlen, da man in diesem Topf alle gängigen Speisen zubereiten kann und diese Gerichte problemlos für nur 4 Personen oder auch für 8 - 10 Personen ausreichend sind.

Hat man dann die nötige Erfahrung im Umgang mit dem Dutch Oven gesammelt und möchte eine größere Anzahl von Gästen bekochen, kann man auch auf die größeren Modelle umsteigen.

Nachfolgend sind die gängigen Größen aufgeführt:

Größe in Zoll	Größe in Quart	Volumen	Personenanzahl
6“	1,5 qt	1,6 Liter	1 - 2
8“	2 qt	2,0 Liter	2 - 3
10“	4 qt	4,0 Liter	4 - 6
10“ tief	5 qt	5,0 Liter	8 - 10
12“	6 qt	6,0 Liter	10 - 12
12“ tief	8 qt	8,0 Liter	12 - 16
14“	8 qt	8,0 Liter	16 - 20
14“ tief	10 qt	10 Liter	22 - 28
16“	12 qt	12 Liter	30 - 36

DUTCH OVEN IN VERSCHIEDENEN GRÖSSEN

Dutch Oven 10“

Dutch Oven 12“

Dutch Oven 14“

DAS EINBRENNEN

In Töpfen aus unbehandeltem Gusseisen würden Speisen bei der Zubereitung sehr schnell anbrennen.

Deshalb muss ein Dutch Oven vor dem ersten Gebrauch durch das sogenannte „Einbrennen“ mit einer Schutzschicht versehen werden.

Hierfür säubert man ihn zunächst mit heißem Wasser und einer Spülbürste.

Danach wird er mit einem Tuch abgerieben, noch 5 Minuten an der Luft nachgetrocknet und innen und außen dünn mit Speiseöl eingerieben.

Am gleichmäßigsten lässt sich das Öl mit einem kleinen Schwamm verteilen!

Anschließend stellt man den Dutch Oven mit der Öffnung nach unten auf den Rost eines ausreichend großen sowie gut vorgeheizten Kugelgrills und lässt ihn dort ca. 90 Minuten einbrennen. Der Deckel wird dabei entweder neben den Topf oder bei Platzmangel auf die Füße des Topfes gelegt.

Während des Einbrennvorgangs verschließt das dünnflüssig gewordene Speiseöl die sich durch die Hitzeeinwirkung geweiteten Poren des Gusseisens und bildet dadurch eine Schutzschicht, die einer Anti-Haft-Beschichtung ähnlich ist..

Neben dem Anbrennen der Speisen verhindert diese Schutzschicht auch das Rosten des für Korrosion sehr anfälligen Gusseisens.

Steht kein Kugelgrill zur Verfügung, kann das Einbrennen ebenso im Backofen auf höchster Temperaturstufe erfolgen. Dabei ist aber unbedingt für eine gute Belüftung zu sorgen, da es zu einer recht starken Rauchentwicklung kommen kann.

Diejenigen unter Ihnen, denen die Prozedur des Einbrennens zu aufwendig ist, sollten sich einen von Herstellerseite bereits vollständig eingebrannten Dutch Oven anschaffen.

Im Gegensatz zu einem unbehandelten Dutch Oven ist er optisch an seiner deutlich dunkleren Farbe zu erkennen.

DAS EINBRENNEN

VERSCHIEDENE FEUERSTELLEN

Dutch Oven werden direkt in die Glut gestellt oder mithilfe eines Dreibeins über einem offenen Feuer aufgehängt.

Dabei kann eine Feuerschale, ein sehr stabiler Grill, eine selbstgebaute Feuerstelle oder ein klassisches Lagefeuer zum Einsatz kommen.

Der Kreativität sind keine Grenzen gesetzt!

Zu beachten ist, dass der Untergrund wegen des hohen Gewichts des Topfes fest und eben sein muss.

Als Umrandung für selbstgebaute Feuerstellen eignen sich am besten Bruch-, Pflaster- und Ziegelsteine, da sie bei schnellen Temperaturveränderungen nicht reißen, platzen oder splittern.

Die Feuerstelle sollte ein Mindestmaß von 50cm x 50cm haben und sich nicht in der Nähe von leicht entzündbarem Material befinden.

VERSCHIEDENE FEUERSTELLEN

DEN DUTCH OVEN BEHEIZEN

Es gibt mehrere Möglichkeiten einen Dutch Oven zu beheizen.

Neben Holz und Holzkohle kann auch ein Gasgrill oder Backofen als Heizquelle dienen.

Am günstigsten ist jedoch die Verwendung von Grillbriketts, da sie sich am einfachsten dosieren lassen, eine gleichmäßigere Hitze abgeben als Holz und deutlich länger brennen als Holzkohle.

Beim Kauf ist auch hier auf Qualität zu achten, da billige Briketts schneller auseinanderbrechen und dann für die gesamte Speisenzubereitung eine größere Menge benötigt wird.

Hochwertige Brikettsorten geben ca. 2 Stunden eine konstante Hitze ab.

VORBEREITEN DER BRIKETTS IM ANZÜNDKAMIN

Am einfachsten und schnellsten kann man Grillbriketts im Anzündkamin für ihren Einsatz vorbereiten.

Hierfür gibt man 2 - 3 Stück Grillanzünder auf den Boden des Kamins, legt die benötigte Menge Briketts darauf und zündet sie von unten mit einem Stabfeuerzeug oder Kartuschenbrenner an.

Nach ca. 20 Minuten sind die Grillbriketts dann durchgeglüht und können auf bzw. unter dem Dutch Oven platziert werden.

Da der Anzündkamin während des Durchglühens der Briketts sehr heiß wird, sollte er dabei auf einen Grill, eine Feuerschale oder sonstige feuerfeste Unterlage gestellt werden.

Wenn kein Anzündkamin vorhanden ist, können die Briketts natürlich auch auf einem Grill, in einer Feuerschale oder direkt im Feuer durchglühen.

DIE TEMPERATUR REGELN

Die Menge der benötigten Grillbriketts hängt davon ab, mit welcher Temperatur die Speisen im Dutch Oven zubereitet werden sollen, welche Außentemperatur herrscht und welche Qualität und Größe die Grillbriketts haben.

Ganz wichtig ist es, den Topf windgeschützt zu platzieren. Dadurch wird das stärkere Entfachen und schnellere Verglühen der Briketts verhindert!

Beim Vorliegen optimaler Bedingungen kann man die benötigten Briketts nach folgender Faustformel grob berechnen:

Um ca.170°C zu erreichen, verdoppelt man ganz einfach den Durchmesser des Topfes in Zoll. Somit sind bei einem 10“- Dutch Oven **20 Grillbriketts** und bei einem 12“- Dutch Oven **24 Grillbriketts** erforderlich.

Sollen niedrigere oder höhere Temperaturen erzielt werden, benötigt man folgende Anzahl an Briketts:

DO in Zoll	145°C	160°C	175°C	190°C	205°C	220°C	235°C
8“	14 Stück	15 Stück	16 Stück	17 Stück	18 Stück	19 Stück	20 Stück
10“	18 Stück	19 Stück	21 Stück	23 Stück	25 Stück	27 Stück	29 Stück
12“	21 Stück	23 Stück	25 Stück	27 Stück	29 Stück	31 Stück	33 Stück
14“	27 Stück	30 Stück	32 Stück	34 Stück	36 Stück	38 Stück	40 Stück
16“	31 Stück	34 Stück	36 Stück	38 Stück	40 Stück	42 Stück	44 Stück

Die Verteilung der durchgeglühten Briketts auf und unter dem Topf richtet sich danach, ob mehr Ober- oder Unterhitze für die Zubereitung der Speisen benötigt wird.

Folgende Regel hat sich dabei bestens bewährt:

- <u>Kochen von Suppen und Eintöpfen:</u>
  1/3 der Briketts auf den Deckel und 2/3 unter den Dutch Oven legen
- <u>Backen von Kuchen und Brot:</u>
  2/3 der Briketts auf den Deckel und 1/3 unter den Dutch Oven legen
- <u>Schmoren und Braten von Fleisch und Gemüse:</u>
  1/2 der Briketts auf den Deckel und 1/2 unter den Dutch Oven legen

DIE REINIGUNG

Nach jeder Essenszubereitung muss der Dutch Oven samt Deckel gereinigt werden.

Hierfür sind zunächst alle Essensreste aus dem Topf zu entfernen. Sollten sie schon angetrocknet sein, stellt man ihn einfach mit etwas heißem Wasser gefüllt nochmals für 10 Minuten auf die Feuerstelle. Danach kann man die Reste mit Hilfe eines Holz- oder Kunststoffschabers vorsichtig herauskratzen. Für sehr hartnäckige Verkrustungen empfiehlt sich der vorsichtige Einsatz eines Ringreinigers aus Edelstahl.

Anschließend säubert man den Dutch Oven mit heißem Wasser und einer Spülbürste.

Auf keinen Fall darf dabei Spülmittel verwendet werden, da es die Schutzschicht des Topfes angreift und das später darin zubereitete Essen den Spülmittelgeschmack annimmt.

Auch das Einfüllen von kaltem Wasser in einen noch heißen Topf ist unbedingt zu vermeiden, da das Gusseisen sonst brechen kann.

Nach dem Säubern wird der Dutch Oven mit einem Tuch abgerieben, noch 5 Minuten an der Luft nachgetrocknet und innen und außen dünn mit Speiseöl eingerieben. Am gleichmäßigsten lässt sich das Öl mit einem kleinen Schwamm verteilen!

Nun ist er bereit für die Lagerung!

DIE LAGERUNG

Ein Dutch Oven muss immer trocken gelagert werden, damit er nicht anfängt zu rosten.

Um eine Luftzirkulation im Topf zu gewährleisten, sollte der Deckel während der Lagerung niemals dicht auf dem Topf aufliegen. Andernfalls würde das Speiseöl nach ein paar Tagen ranzig werden, in die Poren des Gusseisens eindringen und bei der nächsten Benutzung des Topfes für einen säuerlichen Geschmack der Speisen sorgen.

Es ist ratsam, zwischen den Deckel und dem Topf ein zusammengelegtes Geschirrhandtuch oder einige Lagen Küchenpapier zu klemmen.

Wird das Speiseöl trotzdem einmal ranzig, muss der Dutch Oven nochmals gesäubert und dann neu eingebrannt werden!

DUTCH OVEN ZUBEHÖR

Mit Hilfe des **Dreibeins** kann der Dutch Oven direkt über einer offenen Feuerstelle aufgehängt werden. Durch die verstellbare Kettenlänge lässt sich die Höhe des aufgehängten Topfes und somit auch die Wärmezufuhr regulieren.

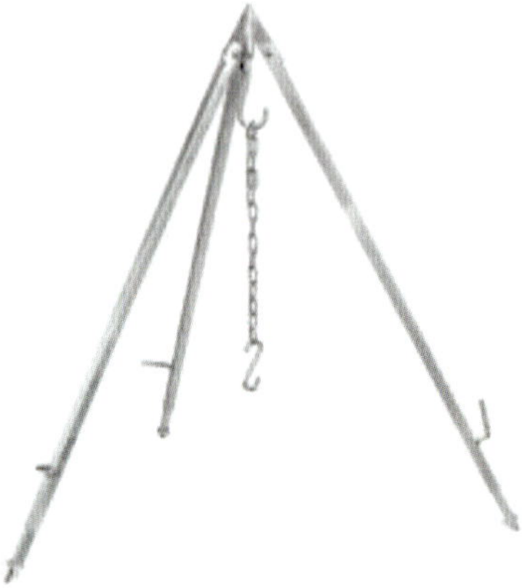

Eine **Feuerschale** kann zum durchglühen der Grillbriketts oder als feuerfeste Unterlage für den Anzündkamin bzw. Dutch Oven genutzt werden.

DUTCH OVEN ZUBEHÖR

Ein **Deckelheber** wird benötigt, um den heißen Deckel vom Dutch Oven abheben zu können. Er wird einfach unter den Deckelgriff geklemmt und der Deckel lässt sich problemlos abnehmen.

Der Deckel des Dutch Oven kann als Pfanne genutzt werden, indem man ihn einfach umdreht, auf den **Deckelständer** legt und in die Glut stellt.

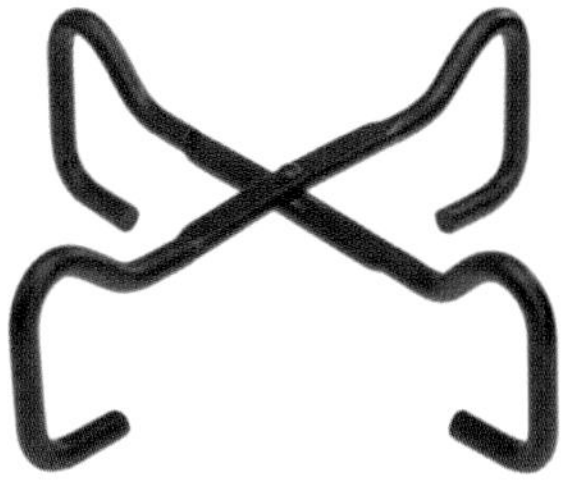

Mit **dem Gussrosteinsatz** wird ein Zwischenraum zum Boden des Dutch Oven geschaffen, der zusätzlich das Anbrennen von Speisen während der Zubereitung verhindert.

DUTCH OVEN ZUBEHÖR

Um den heißen Dutch Oven abzustellen ohne dabei Brandflecken zu verursachen, kann ein **Untersetzer** aus Stahl benutzt werden.

Mit **Handschuhen** aus feuer- und rutschfestem Material lässt sich der heiße Dutch Oven sicher tragen.

DUTCH OVEN ZUBEHÖR

Mit einem **Koch- oder Bratenthermometer** kann man die Temperatur im Dutch kontrollieren, ohne den Deckel anzuheben. Von Herstellerseite muss dafür aber eine spezielle Durchführung für das Thermometer vorgesehen sein. Weiterhin lässt sich mit einem solchen Thermometer ganz bequem die Kerntemperatur von größeren Fleischstücken messen, indem man es dort bis zur Mitte hinein sticht.

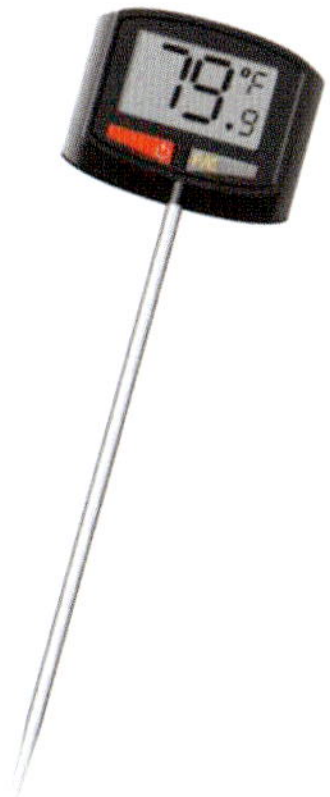

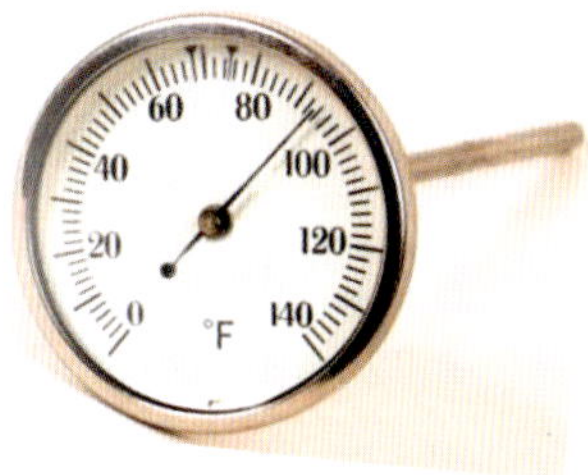

Um einen Dutch Oven handlich und komfortabel zu transportieren, bieten einige Hersteller spezielle **Transporttaschen** an.

DUTCH OVEN ZUBEHÖR

Ein **Pfannenwender** wird benötigt um Fleisch und Gemüse während des Bratens zu wenden. Am besten eignen sich Pfannenwender aus biegsamen Edelstahl

Mit Hilfe eines **Reinigungsschabers** aus Kunststoff oder Holz kann man Essensreste vorsichtig aus dem Dutch Oven heraus- kratzen.

Ein **Ringreiniger** aus Edelstahl wird benötigt, um hartnäckige Verkrustungen vorsichtig aus dem Dutch Oven zu entfernen.

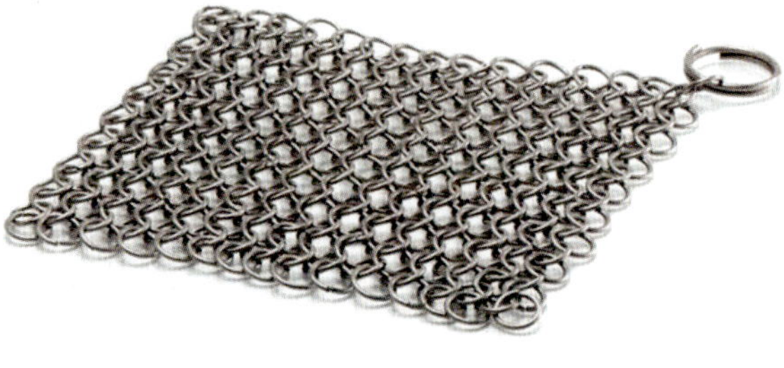

DUTCH OVEN ZUBEHÖR

Feuerpfannen können direkt in die Glut gestellt werden oder mit Hilfe eines Metallgestells etwas erhöhter stehen.

DUTCH OVEN ZUBEHÖR

In einem **rechteckigen Bräter** aus Gusseisen lassen sich verschiedene Braten oder ganze Geflügel über offenem Feuer zubereiten. Auch er kann direkt in die Glut gestellt werden.

Eine gusseiserne **Kastenform** eignet sich besonders für die Zubereitung von Aufläufen und zum Backen von Brot in offenen Feuerstellen.

DUTCH OVEN ZUBEHÖR

Beim Outdoor - Cooking ebenfalls sehr beliebt sind **Feuerkannen** in verschiedenen Ausführungen, die man entweder direkt in die Glut oder etwas erhöht auf den Untersetzer aus Stahl stellen kann. So kann man auch in der freien Natur schnell und einfach Wasser erhitzen oder Kaffee kochen.

GEWÜRZE ALLGEMEIN

Gewürze sind frische oder getrocknete Pflanzenteile, durch deren Zugabe gekochte Speisen ihren typischen Geschmack und Geruch erhalten.

Sie wirken durch die in ihnen enthaltenen ätherischen Öle oder scharf schmeckenden Bitterstoffe.

In der richtigen Dosierung erhöhen Gewürze auch die Haltbarkeit von gekochten Speisen, regen den Appetit an und tragen zu einer besseren Verdauung bei.

Die meisten Gewürze werden dem Essen in gemahlener Form beigemengt.

Durch die Verwendung von ganzen, gerebelten oder grob geschroteten Gewürzen soll zusätzlich auch das Aussehen des fertigen Gerichts beeinflusst und verbessert werden.

VERWENDUNG VON GEWÜRZEN

Damit Gewürze ihr volles Aroma entfalten können, sollte man sie möglichst im Ganzen kaufen und erst kurz vor dem Gebrauch mahlen.

Um der Bildung von Keimen vorzubeugen ist es empfehlenswert, sie nur mit kleineren Gewürzschaufeln und niemals direkt per Hand zu entnehmen.

Zur Erhaltung des Aromas ist darauf zu achten, die Gewürzbehälter sofort nach der Gewürzentnahme wieder zu verschließen.

Speisen, die eine längere Zubereitungszeit benötigen, sind kurz vor der Fertigstellung nochmals nachzuwürzen und abzuschmecken.

LAGERUNG

Es wird empfohlen, Gewürze folgendermaßen aufzubewahren:

- in dicht schließenden Behältern wie Dosen und Gläsern
- an einem kühlen und trockenen Ort
- dunkel und vor direktem Sonnenlicht geschützt

GEWÜRZE - ABC

Bärlauch hat ein kräftiges, würziges Knoblaucharoma, ist aber nicht so scharf wie richtiger Knoblauch.

Cayennepfeffer ist sehr scharf und schmeckt leicht aromatisch.

Chilipulver schmeckt feurig scharf, ist aber milder als Cayennepfeffer.

Der Geschmack von **Currypulver** variiert je nach Zusammensetzung zwischen fruchtig, aromatisch und scharf.

Ingwer hat einen brennend scharfen und dennoch würzigen Geschmack.

GEWÜRZE - ABC

Kardamom schmeckt sehr würzig und etwas süßlich - brennend.

Knoblauch schmeckt, je nach Herkunft, süßlich - scharf bis kräftig intensiv.

Der Geschmack von **Koriander** ist etwas süß, angenehm würzig und leicht scharf.

Kümmel hat einen aromatischen, leicht herben Geschmack.

Lorbeerblätter schmecken würzig herb und leicht bitter.

GEWÜRZE - ABC

Der Geschmack von **Majoran** ist aromatisch süßlich und leicht brennend.

Muskatnüsse haben einen leicht bitteren und streng aromatischen Geschmack.

Nelken haben einen brennenden, stark würzigen Geschmack.

Der Geschmack von **Paprika** variiert von leicht scharf und mild würzig (edelsüß) bis scharf würzig (rosenscharf).

Petersilie hat einen frischen und mildwürzigen Geschmack.

GEWÜRZE - ABC

Schwarzer Pfeffer schmeckt aromatisch scharf und weißer Pfeffer sehr scharf.

Der Geschmack von **Piment** ist brennend und sehr würzig.

Sellerie hat einen süßlichen und scharfen Geschmack.

Der Geschmack von **Thymian** ist etwas bitter und leicht brennend.

Zwiebeln schmecken, je nach Herkunft, mild oder scharf würzig.

FLEISCH FÜR DIE SPEISENZUBEREITUNG

Für die Herstellung von Speisen aller Art sollte nur qualitativ hochwertiges Fleisch verwendet werden.

Optisch zu erkennen ist dies an einer der Tierart entsprechenden Fleischfarbe sowie einem frischen und appetitlichen Aussehen.

Es darf auf keinen Fall schmierig sein und muss einen angenehmen, fleischtypischen Geruch aufweisen.

Auch bei der Verwendung von Innereien sollte unbedingt auf Frische und ein typisches Aussehen geachtet werden.

TEILSTÜCKE DES SCHWEINS

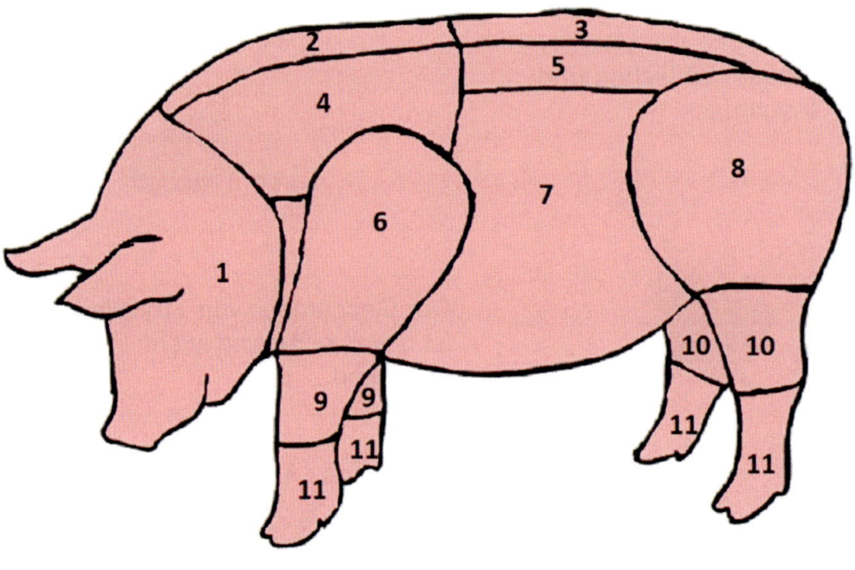

1. Kopf mit Backen
2. Nackenspeck
3. Rückenspeck
4. Nacken / Kamm
5. Kotelett mit Filet
6. Schulter
7. Bauch
8. Keule / Schinken
9. Vordereisbein
10. Hintereisbein
11. Pfoten / Spitzbeine

VERWENDUNG DER TEILSTÜCKE

Teilstück	Verwendung
Schweinekopf	• für Suppen und Eintöpfe • als Schaustück
Backen	• zum Schmoren
Nackenspeck/ Rückenspeck	• als Füllung für Rouladen • zum Spicken für Braten
Nacken / Kamm	• für Suppen und Eintöpfe • als gefüllter / ungefüllter Braten • zum Kurzbraten
Kotelett	• als gefüllter / ungefüllter Braten • als Schnitzel zum Kurzbraten
Filet	• gefüllt zum Schmoren • als Medaillons zum Kurzbraten
Schulter	• für Gulasch • für Geschnetzeltes • als Gehacktes für Frikadellen • als Schulterbraten
Bauch	• als gefüllter / ungefüllter Braten • zum Kurzbraten
Keule / Schinken	• für Gulasch • für Geschnetzeltes • als Schnitzel zum Kurzbraten • als Schinkenbraten
Vordereisbein/ Hintereisbein	• als Ganzes zum Kochen • als Ganzes geschmort
Pfoten / Spitzbeine	• als Suppeneinlage

FRÜHLINGS - NACKENBRATEN

Zutaten für 5 - 6 Personen:

- **2,5 kg Schweinenacken ohne Knochen**

- 12 Scheiben Bacon
- 8 Knoblauchzehen
- 5 Frühlingszwiebeln
- 5 mittelgroße Zwiebeln
- 2 Möhren
- 1 rote Paprikaschote
- 400 ml warme Gemüsebrühe
- 220 ml trockener Rotwein
- Orangen - Senf
- Paprika, edelsüß
- schwarzer Pfeffer
- Salz

Herstellung

Den Nacken der Länge nach aufschneiden, so dass eine große Scheibe entsteht. Die obere Seite mit Salz, Pfeffer sowie Paprikapulver bestreuen und großzügig mit Orangen - Senf bestreichen. Die Herstellung meines leckeren selbstgemachten Orangen - Senfs finden Sie auf Seite 180.
Danach werden erst die Baconscheiben, dann die ganzen Frühlingszwiebeln sowie die zuvor vom Gehäuse befreite und geviertelte Paprikaschote darauf gelegt und zum Schluss die halbierten Knoblauchzehen.
Von einer Seite beginnend rollt man dann die ganze Scheibe zu einer großen Roulade und zieht ein Rollbratennetz darüber. Am einfachsten geht dies mit Hilfe eines Stücks ungebrauchter Regenrinne aus Kunststoff, über das man das Netz zieht und anschließend die Nackenrolle von oben nach unten hindurch gleiten lässt. Stehen diese Utensilien nicht zur Verfügung, kann der Braten alternativ auch mit Fleischerband wie eine Roulade verschnürt werden.
Von außen wird der Nackenbraten dann nochmals kräftig mit Salz, Pfeffer und Paprikapulver eingerieben.
Zeitgleich lässt man 24 Grillbriketts durchglühen, packt die Hälfte kreisförmig unter einen 12“- Dutch Oven, gibt 4 Esslöffel Sonnenblumenöl hinein und brät den Nacken rundherum scharf an. Anschließend dünstet man die zuvor in dünne Scheiben geschnittenen Zwiebeln und Möhren kurz mit an, gießt 220ml trockeen Rotwein dazu, lässt ihn etwas einköcheln und gibt dann 400ml Gemüsebrühe und 2 Teelöffel Orangen - Senf mit in den Topf. Danach wird der Dutch Oven mit dem Deckel verschlossen und die restlichen 12 Briketts unregelmäßig darauf verteilt. Die anschließende Garzeit beträgt 2,5 bis 3 Stunden. Während dieser Zeit sollte der Deckel mit den Briketts alle 30 Minuten um 90 Grad gedreht werden. Dadurch wird ein punktuelles Anbrennen des Nackenbratens verhindert. Vor dem Servieren ist die Soße durch ein Sieb zu gießen, ggf. zu entfetten und mit etwas in kaltem Wasser verrührter Speisestärke anzudicken.

Den Nacken aufschneiden…

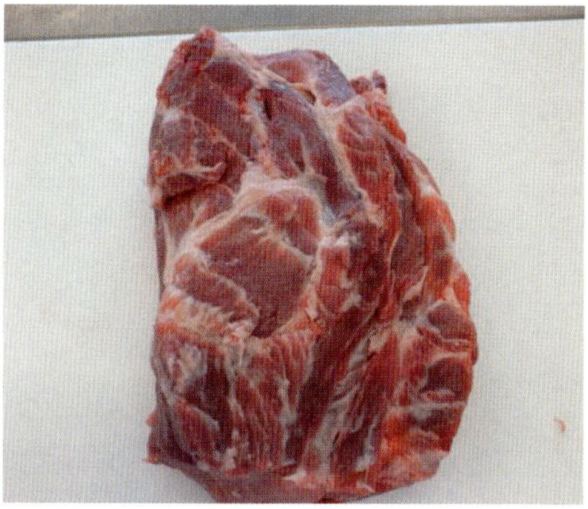

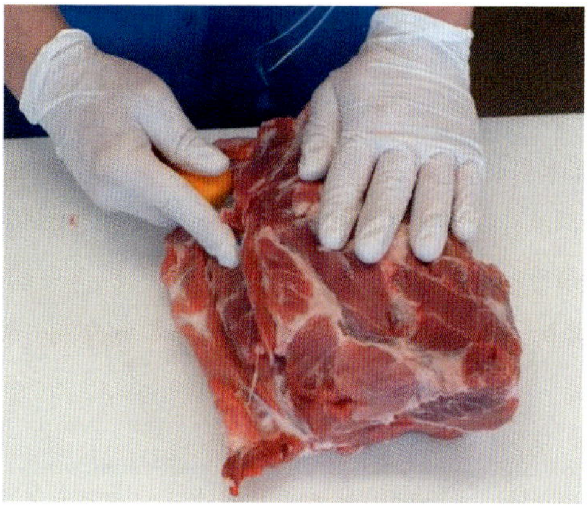

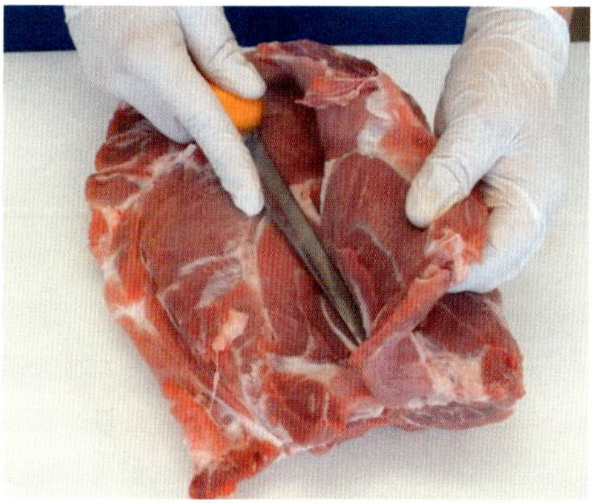

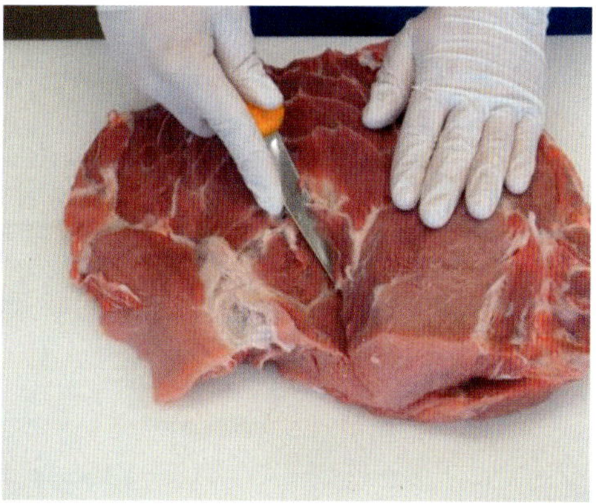

Die Nackenscheibe mit Salz, Pfeffer und Paprikapulver bestreuen…

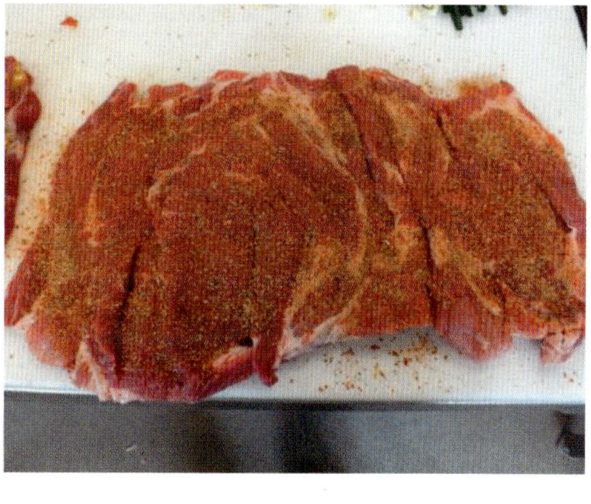

Mit Orangen - Senf bestreichen…

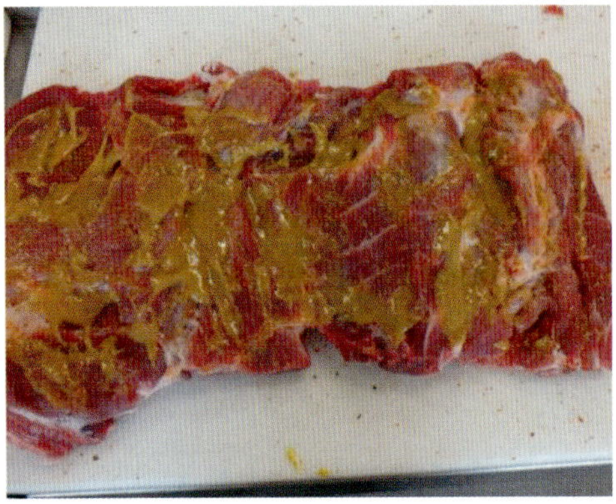

Die Baconscheiben verteilen…

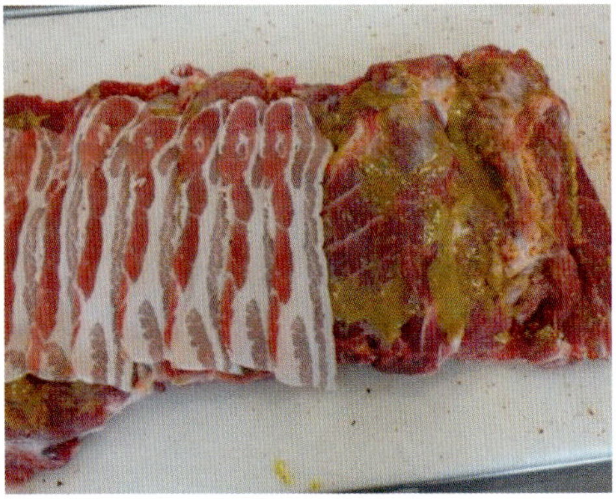

Dann die Frühlingszwiebeln…

Die rote Paprikaschote…

…sowie den Knoblauch darauf legen und zusammen rollen.

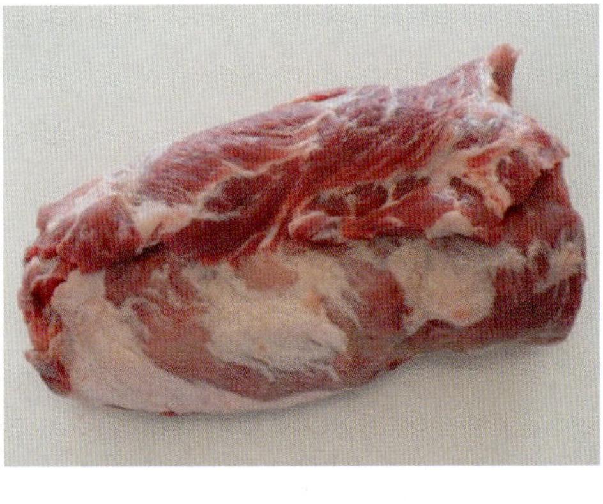

Den Frühlings - Nackenbraten in ein Schinkennetz füllen…

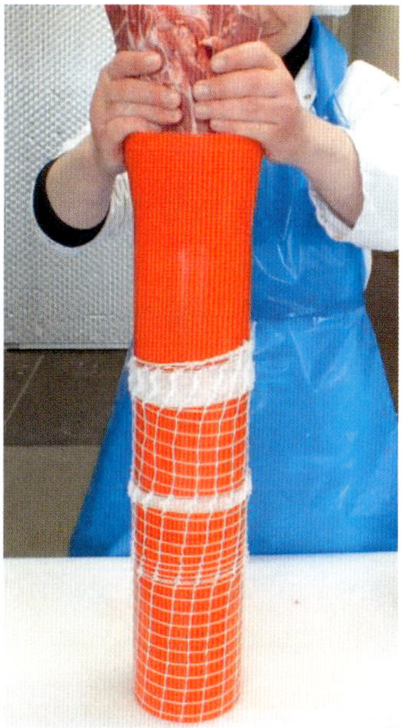

…und nochmals kräftig würzen.

SPIESSBRATEN

Zutaten für 5 - 6 Personen:

- **2,5 kg Schweinenacken ohne Knochen**
- **300 g gewürztes Hackfleisch**

- 4 mittelgroße Zwiebeln
- 2 Möhren
- 1 Frühlingszwiebel
- 1/4 Sellerieknolle
- 5 Wacholderbeeren
- 2 Lorbeerblätter
- 500 ml warme Gemüsebrühe
- 200 ml trockener Rotwein
- 1 EL Tomatenmark
- Paprika, edelsüß
- schwarzer Pfeffer
- Salz

Herstellung

In den Nacken eine Tasche schneiden und das zuvor mit der klein gewürfelten Frühlingszwiebel vermengte Hackfleisch hinein füllen.
Dann ein Rollbratennetz darüber ziehen.
Am einfachsten geht dies mit Hilfe eines Stücks ungebrauchter Regenrinne aus Kunststoff, über das man das Netz zieht und anschließend den Spießbraten von oben nach unten hindurch gleiten lässt. Stehen diese Utensilien nicht zur Verfügung, kann der Braten alternativ auch mit Fleischerband wie eine Roulade verschnürt werden. Von außen wird der Braten dann kräftig mit Salz, Pfeffer, Paprikapulver und etwas getrockneter Petersilie bestreut.
Zeitgleich lässt man 24 Grillbriketts durchglühen, packt die Hälfte kreisförmig unter einen 12“- Dutch Oven, gibt 4 Esslöffel Sonnenblumenöl hinein und brät den Spießbraten rundherum scharf an.
Dann nimmt man ihn aus dem Topf und dünstet die zuvor in dünne Scheiben geschnittenen Zwiebeln sowie die klein gewürfelten Möhren und den Sellerie mit an. Hat das Gemüse etwas Farbe angenommen wird das Tomatenmark zum weiteren Anrösten eingerührt, mit dem Rotwein abgelöscht, der Braten wieder zugegeben und die Gemüsebrühe aufgegossen. Danach werden die Wacholderbeeren und Lorbeerblätter hineingegeben, der Dutch Oven mit dem Deckel verschlossen und die restlichen 12 Briketts unregelmäßig darauf verteilt.
Die anschließende Garzeit beträgt 2,5 bis 3 Stunden.
Während dieser Zeit sollte der Deckel mit den Briketts alle 30 Minuten um 90 Grad gedreht werden, um ein punktuelles Anbrennen des Spießbratens zu verhindern. Sollte zu viel Flüssigkeit im Dutch Oven verdunsten, muss mit Gemübrühe aufgefüllt werden. Vor dem Servieren ist die Soße durch ein Sieb zu gießen, ggf. zu entfetten und mit etwas in kaltem Wasser verrührter Speisestärke anzudicken.

In den Nacken eine Tasche schneiden….

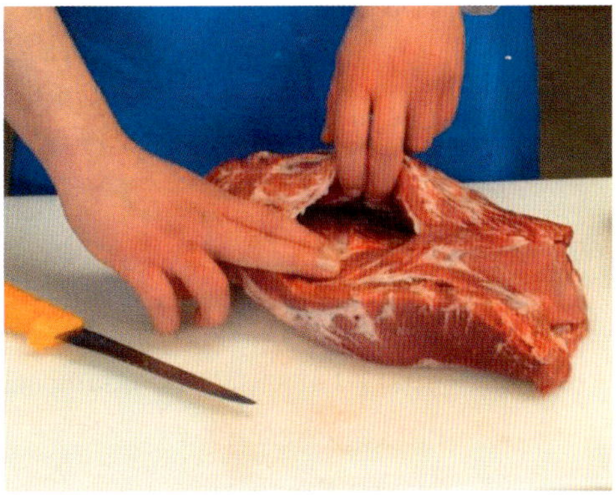

Das Thüringer Mett hinein füllen…

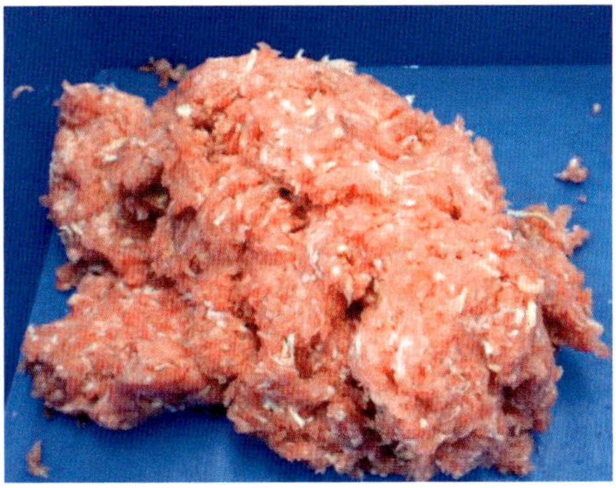

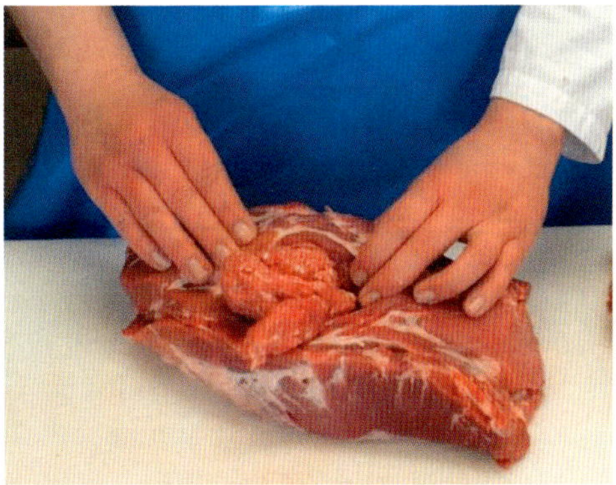

Den Spießbraten in ein Schinkennetz füllen und würzen.

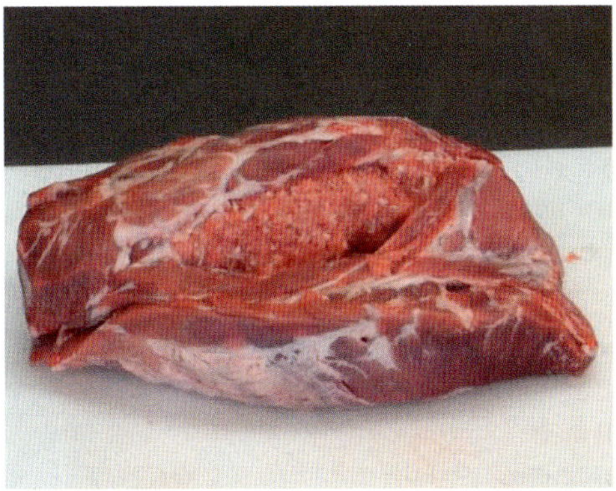

BÄRLAUCH - LEBERROLLE

Zutaten für 5 - 6 Personen:

- **2,5 kg Schweinenacken ohne Knochen**
- **150 g Schweineleber**

- 14 Bärlauchblätter
- 4 Frühlingszwiebeln
- 2 mittelgroße Zwiebeln
- 1 Bund frisches Suppengemüse
- 1 rote Paprikaschote
- 2 Zweige Rosmarin
- 15 schwarze Pfefferkörner
- 1 Gewürznelke
- 600 ml warmes Wasser
- 1 Dose geschälte Tomaten
- 4 EL Sonnenblumenöl
- 1 TL Paprika, edelsüß
- mittelscharfer Senf
- Paprika, edelsüß
- schwarzer Pfeffer
- Salz

Herstellung

Den Nacken der Länge nach aufschneiden, so dass eine große Scheibe entsteht. Die obere Seite mit Salz, Pfeffer sowie Paprikapulver bestreuen und großzügig mit dem Senf bestreichen.
Danach die gründlich abgespülte Leber sowie die vom Gehäuse befreite Paprikaschote in Streifen schneiden und darauf verteilen. In die Zwischenräume werden die ganzen Frühlingszwiebeln und Bärlauchblätter gelegt.
Von einer Seite beginnend rollt man dann die ganze Scheibe zu einer großen Roulade und zieht ein Bratennetz darüber. (siehe „Frühlings-Nackenbraten".)
Von außen wird die Leberrolle dann nochmals kräftig mit Paprika gewürzt.
Zeitgleich lässt man 24 Grillbriketts durchglühen, packt die Hälfte kreisförmig unter einen 12"- Dutch Oven, gibt 2 Esslöffel Sonnenblumenöl hinein und brät die Leberrolle rundherum scharf an. Anschließend dünstet man die geschälten und in Scheiben geschnittenen Zwiebeln sowie das klein gewürfelte Suppengemüse kurz mit an, gibt das warme Wasser sowie die geschälten Tomaten dazu und würzt alles nochmals mit Salz, Pfeffer und Paprikapulver.
Zum Schluss werden die Rosmarinzweige, Pfefferkörner und die Gewürznelke zugefügt, der Dutch Oven mit dem Deckel verschlossen und auf dem Deckel die restlichen 12 Briketts unregelmäßig verteilt.
Die anschließende Garzeit beträgt 2,5 bis 3 Stunden. Während dieser Zeit sollte der Deckel mit den Briketts alle 30 Minuten um 90 Grad gedreht werden. Dadurch wird ein punktuelles Anbrennen der Bärlauch - Leberrolle verhindert.
Vor dem Servieren ist die Soße durch ein Sieb zu gießen, ggf. zu entfetten und mit etwas in kaltem Wasser verrührter Speisestärke anzudicken.

BARBECUE - PIZZABAUCHROLLE

Zutaten für 6 - 7 Personen:

- **2,5 kg Schweinebauch ohne Knochen**
- **400 g gewürztes Hackfleisch**
- **200 g Emmentaler Käse in Streifen**

▪ 3	Knoblauchzehen	▪ 600 ml	warme Gemüsebrühe
▪ 2	große frische Champignons	▪ 250 ml	BBQ - Sauce
▪ 2	mittelgroße Zwiebeln	▪ 1 TL	Kreuzkümmel
▪ 1	rote Paprikaschote	▪ 1 TL	Paprika, edelsüß
▪ 4 EL	Sonnenblumenöl	▪ ½ TL	Koriander, gemahlen
▪ 1 EL	scharfer Senf	▪	schwarzer Pfeffer
▪ 1 TL	Piment, gemahlen	▪	Salz

Herstellung

Die obere Seite des Schweinebauchs mit Pfeffer sowie Salz würzen und dann das Hackfleisch so darauf verteilen, dass ein Viertel des Fleischs frei bleibt. Dadurch lässt sich der Bauch später einfacher zusammen rollen und nichts vom Belag fällt heraus. Danach die Champignons putzen und die Paprikaschote vom Gehäuse befreien, beides in Scheiben schneiden und zusammen mit den Käsestreifen auf das Hackfleisch legen.

Von der belegten Seite beginnend rollt man den Bauch dann zu einer großen Roulade, zieht ein Rollbratennetz darüber (siehe „Frühlings-Nackenbraten“) und pinselt die Bauchrolle mit BBQ - Sauce ein. Die Herstellung meiner leckeren selbstgemachten BBQ - Sauce finden Sie auf Seite 176.

Zeitgleich lässt man 24 Grillbriketts durchglühen, packt die Hälfte kreisförmig unter einen 12“- Dutch Oven, gibt 4 Esslöffel Sonnenblumenöl hinein und brät die Pizzabauchrolle rundherum scharf an. Anschließend werden die geschälten und in Scheiben geschnittenen Zwiebeln sowie die klein gehackten Knoblauchzehen kurz mit angedünstet und 600 ml Gemüsebrühe aufgegossen.

Zum Schluss fügt man den Senf, Piment, Kreuzkümmel, Koriander sowie das Paprikapulver und die 250 ml Barbecuesoße zu und würzt noch etwas mit Salz und Pfeffer nach. Danach wird der Dutch Oven mit dem Deckel verschlossen und die restlichen 12 Briketts unregelmäßig darauf verteilt. Die anschließende Garzeit beträgt 2,5 bis 3 Stunden. Während dieser Zeit sollte der Deckel mit den Briketts alle 30 Minuten um 90 Grad gedreht werden. Dadurch wird ein punktuelles Anbrennen der Barbecue - Pizzarolle verhindert.

Vor dem Servieren ist die Soße durch ein Sieb zu gießen, ggf. zu entfetten und mit etwas in kaltem Wasser verrührter Speisestärke anzudicken.

Das Hackfleisch so verteilen, dass ein Viertel des Bauchs frei bleibt....

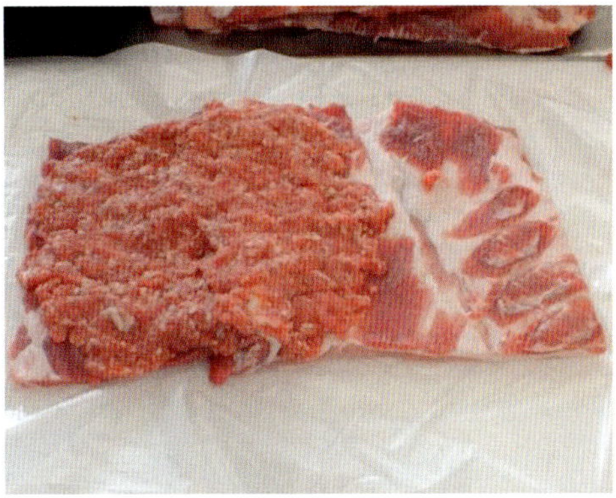

Die Champignons, Paprika und Käsestreifen darauf legen ...

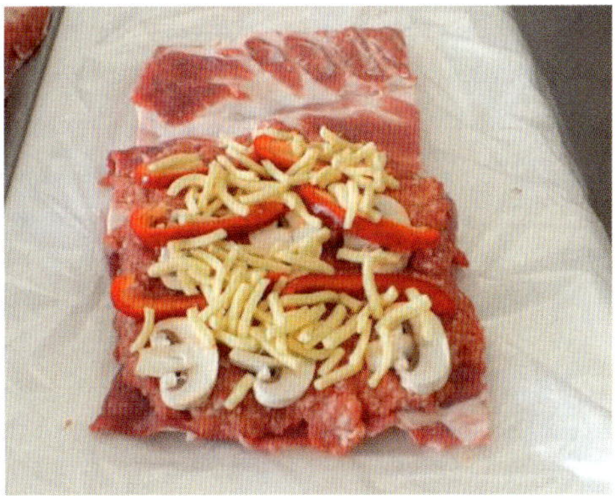

...und zusammen rollen.

Die fertige Pizzabauchrolle.

GEPÖKELTE BAUCHROLLE

Zutaten für 5 - 6 Personen:

- **2,5 kg Schweinebauch ohne Knochen und Schwarte**
- **400 g Nitritpökelsalz**

▪ 3	Knoblauchzehen	▪ 10		Pimentkörner
▪ 2	Möhren	▪ 4		Lorbeerblätter
▪ 2	mittelgroße Zwiebeln	▪ 600	ml	warme Gemüsebrühe
▪ 1	Bund frisches Suppengemüse	▪ 4	EL	Rapsöl
▪ 2	Zweige frischer Thymian	▪ 2	EL	scharfer Senf

Herstellung

In einem sauberen, geeigneten Kunststoffgefäß das Nitritpökelsalz in 5 Liter kaltes Wasser einrühren, den Schweinebauch hinein geben und zwei Tage in einen ca. 5°C kühlen Raum oder in den Kühlschrank stellen.
Danach lässt man den Bauch auf einem sauberen Gitter 30 Minuten abtropfen, bestreicht die obere Seite großzügig mit scharfem Senf und legt die zuvor in dünne Scheiben geschnittenen Möhren sowie die halbierten Knoblauchzehen darauf.
Von einer Seite beginnend rollt man dann die ganze Scheibe zu einer großen Roulade und zieht ein Bratennetz darüber. (siehe „Frühlings-Nackenbraten".)
Alternativ kann der Braten auch mit Fleischerband wie eine Roulade verschnürt werden
Zeitgleich lässt man 24 Grillbriketts durchglühen, packt die Hälfte kreisförmig unter einen 12"- Dutch Oven, gibt 4 Esslöffel Rapsöl hinein und brät die Gepökelte Bauchrolle rundherum scharf an.
Anschließend wird das klein gewürfelte Suppengemüse sowie die geschälten und in Scheiben geschnittenen Zwiebeln kurz mit angeschmort, die Gemüsebrühe, Pimentkörner, Lorbeerblätter, Thymianzweige sowie 2 Esslöffel scharfer Senf dazu gegeben und der Dutch Oven mit dem Deckel verschlossen.
Auf dem Deckel verteilt man dann unregelmäßig die restlichen 12 Briketts und lässt die Bauchrolle 2,5 bis 3 Stunden garen.
Während dieser Zeit sollte der Deckel mit den Briketts alle 30 Minuten um 90 Grad gedreht werden, um ein punktuelles Anbrennen der Gepökelten Bauchrolle zu verhindern. Sollte zu viel Flüssigkeit im Dutch Oven verdunsten, muss mit Gemüsebrühe aufgefüllt werden. Grillbriketts, deren Heizleistung während der Garzeit stark nachlassen, sind durch frisch durchgeglühte Briketts zu ersetzen. Vor dem Servieren ist die Soße durch ein Sieb zu gießen, ggf. zu entfetten und mit etwas in kaltem Wasser verrührter Speisestärke anzudicken.

SÜSSE BAUCHROLLE

Zutaten für 6 - 8 Personen:

- **2,5 kg Schweinebauch ohne Knochen und Schwarte**
- **400 g gewürztes Hackfleisch**
- **200 g getrocknete Aprikosen**

- 2 rote Paprikaschoten
- 2 mittelgroße Zwiebeln
- 1 kleine Aubergine
- 1 kleine Zucchini
- 2 EL Preiselbeeren
- 600 ml warme Gemüsebrühe
- 6 EL Rapsöl
- Honig - Senf
- Paprika, edelsüß
- Salz

Herstellung

Die obere Seite des Schweinebauchs mit Pfeffer und Salz würzen, großzügig mit Honig - Senf bestreichen (Herstellung siehe Seite 181) und dann das Hackfleisch so darauf verteilen, dass ein Viertel des Fleisches frei bleibt.
Dadurch lässt sich der Bauch später einfacher zusammen rollen und nichts vom Belag fällt heraus. Danach die getrockneten Aprikosenstücke darauf legen und von der belegten Seite beginnend den Bauch zu einer großen Roulade rollen. Dann wird ein Bratennetz darüber gezogen (siehe „Frühlings-Nacken-braten“) und die Bauchrolle kräftig mit edelsüßem Paprika eingerieben.
Zeitgleich lässt man 32 Grillbriketts durchglühen, packt 12 davon kreisförmig unter einen 12“- Dutch Oven, gibt 4 Esslöffel Rapsöl hinein und brät die Süße Bauchrolle rundherum scharf an.
Die zuvor vom Gehäuse befreiten Paprikaschoten und die geschälten Zwiebeln werden in größere Würfel und die Aubergine sowie die Zucchini erst halbiert und dann in dünne Scheiben geschnitten.
Mit 8 weiteren kreisförmig angeordneten Briketts richtet man eine zweite Feuerstelle ein, stellt den Deckel umgedreht als Pfanne darauf, und brät das Gemüse in 2 Esslöffel Rapsöl glasig an. Dann wird es zusammen mit den Preisselbeeren zum Fleisch gegeben, die Gemüsebrühe aufgegossen und 2 Esslöffel Honig-Senf eingerührt.
Danach verschließt man den Dutch Oven mit dem Deckel und verteilt die restlichen 12 Briketts unregelmäßig darauf. Die anschließende Garzeit beträgt 2,5 bis 3 Stunden. Um ein punktuelles Anbrennen der Süßen Bauchrolle zu verhindern, sollte während dieser Zeit der Deckel mit den Briketts alle 30 Minuten um 90 Grad gedreht werden. Vor dem Servieren ist die Soße durch ein Sieb zu gießen, ggf. zu entfetten und mit etwas in kaltem Wasser verrührter Speisestärke anzudicken.

SCHICHTFLEISCH

Zutaten für 6 - 8 Personen:

- **2,7 kg Schweinenacken ohne Knochen**
- **200 g Bacon in Scheiben**

- 3 mittelgroße Zwiebeln
- 1 rote Paprikaschote
- 1 gelbe Paprikaschote
- 1 grüne Paprikaschote
- 2,0 Liter BBQ - Sauce
- schwarzer Pfeffer
- Salz

Herstellung

Den Nacken in 150g schwere Scheiben schneiden und jede Scheibe von beiden Seiten mit Pfeffer und Salz würzen. Dann 1,0 Liter der BBQ - Sauce in eine entsprechend große Schüssel geben, die Nackenscheiben darin wälzen und 24 Stunden in den Kühlschrank stellen.
Die Herstellung meiner leckeren selbstgemachten BBQ - Sauce finden Sie auf Seite 176.
Am Zubereitungstag schneidet man die geschälten Zwiebeln in Scheiben und die zuvor vom Gehäuse befreiten Paprikaschoten in Streifen.
Dann legt man die Baconscheiben so in einem 12“- Dutch Oven aus, dass der Boden und ein Stück vom Rand bedeckt sind. Dadurch brennen die Nacken-Scheiben bei der Zubereitung nicht an.
Danach werden im Wechsel Nackenscheiben, Zwiebelscheiben, nochmals Nackenscheiben und Paprikastreifen aneinander geschichtet. Das ganze wiederholt sich solange, bis das Material aufgebraucht oder der Dutch Oven voll ist.
Zum Schluss verteilt man 600 ml BBQ - Sauce auf dem Schichtfleisch, lässt 24 Grillbriketts durchglühen und packt die Hälfte kreisförmig unter den Dutch Oven.
Danach wird er mit dem Deckel verschlossen und die restlichen 12 Grillbriketts unregelmäßig darauf verteilt.
Die anschließende Garzeit beträgt 2,5 bis 3 Stunden.
Während dieser Zeit sollte der Deckel mit den Briketts alle 30 Minuten um 90 Grad gedreht werden, um ein punktuelles Anbrennen des Schichtfleisches zu verhindern.
Grillbriketts, deren Heizleistung während der Garzeit stark nachlassen, sind durch frisch durchgeglühte Briketts zu ersetzen.

Die Zutaten für das Schichtfleisch…

Mit den Baconscheiben den Boden und etwas vom Rand auslegen…

Nacken- und Zwiebelscheiben aneinander schichten…

Dann wieder Nackenscheiben, Paprikastreifen, nochmals Nacken....

Wenn der Dutch Oven voll ist, die BBQ - Sauce verteilen...

...das restliche Material darüber geben und 2,5 bis 3 Stunden garen.

APRIKOSENRIPPCHEN

Zutaten für 4 - 6 Personen:

- **2,5 kg Dicke Rippe (ca. 2 Stück)**
- **200 g getrocknete Aprikosen**
- **100 g Rosinen**

- 500 ml Rinderfond
- 2 EL Butterschmalz
- 2 Becher Creme fraiche
- 2 mittelgroße Zwiebeln

- Salz
- schwarzer Pfeffer
- Speisestärke

Herstellung

In die Dicken Rippen wird jeweils eine Tasche geschnitten und das Fleisch von innen und außen mit Pfeffer sowie Salz gewürzt..
Dann füllt man die Rosinen und die zuvor klein gewürfelten Aprikosen in die Tasche und näht diese entweder mit Küchengarn zu oder verschließt sie mit Zahnstochern.
Zeitgleich lässt man 24 Grillbriketts durchglühen, packt die Hälfte kreisförmig unter einen 12"- Dutch Oven, gibt 2 Esslöffel Butterschmalz hinein und brät die Dicken Rippen von beiden Seiten scharf an.
Anschließend werden die geschälten und klein gewürfelten Zwiebeln kurz mit angeschmort, der Rinderfond aufgegossen und der Dutch Oven mit dem Deckel verschlossen.
Auf dem Deckel verteilt man dann unregelmäßig die restlichen 12 Briketts und lässt die Aprikosenrippchen 2 bis 2,5 Stunden garen.
Nach 1 Stunde wird die Creme fraiche in den Rinderfond eingerührt und die Soße zum Ende der Garzeit mit in kaltem Wasser verrührter Speisestärke angedickt. Achten Sie darauf nicht zuviel Speisestärke zuzugeben, damit die Soße nicht zu dick wird.
Grillbriketts, deren Heizleistung während der Garzeit stark nachlassen, sind durch frisch durchgeglühte Briketts zu ersetzen.

PULLED PORK

Zutaten für 4 - 6 Personen:

- **2,5 kg Schweinenacken ohne Knochen**

Zutaten für den Rub (Gewürzmischung):

- 2 EL Paprika, edelsüß
- 1 EL Brauner Zucker
- 1 EL Salz
- 1 TL Kreuzkümmel
- 1 TL Chilipulver
- 1 TL Cayennepfeffer
- 1 TL Knoblauchpulver
- ½ TL Oregano

Sonstige Zutaten:

- 3 EL Kräuterbutter
- 2 mittelgroße Zwiebeln
- 400 ml Apfelsaft
- Sonnenblumenöl

Herstellung

Alle Zutaten für den Rub gut miteinander vermischen. Den Schweinenacken zuerst mit Sonnenblumenöl und dann kräftig mit dem Rub einreiben.
Falls ein Vakuumiergerät vorhanden ist, wird er danach in einen Folienbeutel mit entsprechender Größe gepackt und eingeschweißt. Alternativ kann er aber auch in eine Schüssel gelegt werden, die sich gut abdecken lässt.
Anschließend stellt man den Nacken zum marinieren 24 Stunden in den Kühlschrank.
Am Zubereitungstag lässt man 17 Grillbriketts durchglühen, packt 11 Stück kreisförmig unter einen 12“- Dutch Oven, gibt die Kräuterbutter hinein und brät den Nacken rundherum an. Danach werden die geschälten und in Scheiben geschnittenen Zwiebeln kurz mit angeschmort und 400 ml handwarmer Apfelsaft zugegossen.
Dann wird der Dutch Oven mit dem Deckel verschlossen und die restlichen 6 Grillbriketts unregelmäßig darauf verteilt. Die anschließende Garzeit beträgt ca. 5 bis 6 Stunden. Sie ist jedoch stark davon abhängig welche Außentemperatur herrscht, ob der Dutch Oven windgeschützt steht und wie schnell die Heizkraft der Grillbriketts nachlässt. Wenn sich das Fleisch mit zwei Gabeln sehr leicht „zerreißen“ lässt, hat es den für Pulled Pork perfekten Garpunkt erreicht.
Dann wird es aus dem Dutch Oven genommen, komplett „zerrissen“ und mit der restlichen Flüssigkeit übergossen, die sich noch im Topf befindet. Dadurch ist es dann schön saftig. Besonders lecker schmeckt Pulled Pork in Verbindung mit BBQ - Sauce. Die Herstellung meiner leckeren selbstgemachten BBQ - Sauce finden Sie auf Seite 176.

PULLED PORK BURGER

Zutaten für 6 Personen:

- **6 Hamburger - Brötchen**
- **6 EL Krautsalat**
- **6 EL BBQ - Sauce**
- **1,2 kg Pulled Pork**

Herstellung

Die Hamburger - Brötchen toasten, aufschneiden und die einzelnen Brötchenhälften jeweils mit ½ Esslöffel BBQ - Sauce bestreichen.
Das Pulled Pork auf die unteren Brötchenhälften verteilen und darauf jeweils 1 Esslöffel Krautsalat geben.
Zum Abschluss die oberen Brötchenhälften darauf legen und schon können Sie ihre leckeren Pulled Pork Burger genießen.
Das Rezept für meine leckere BBQ - Sauce finden Sie auf Seite 176 und das Rezept für Pulled Pork auf Seite 60.
Wie man zwei schnelle Krautsalate herstellt, erkläre Ich Ihnen in den beiden nachfolgenden Rezepten.

SCHNELLER KRAUTSALAT

Zutaten für ca. 1kg Salat:

- 1,0 kg Weißkohl
- 2 EL Rapsöl
- Weißweinessig
- weißer Pfeffer
- Zucker
- Salz

Herstellung

Den Weißkohl in feine Streifen schneiden, in eine entsprechend große Schüssel geben und mit Salz, Pfeffer, einer Prise Zucker und etwas Essig abschmecken. Danach das Rapsöl unterrühren und den Salat vor dem Verzehr zwei Stunden im Kühlschrank ziehen lassen.

DEFTIGER KRAUTSALAT

Zutaten für ca. 1 kg Salat:

- 400 g Weißkohl
- 75 g griechischer Joghurt
- 75 g Mayonnaise
- 50 g Creme fraiche
- 1 kleiner Kohlrabi
- 1 rote Zwiebel
- ½ rote Paprikaschote
- ½ Fenchel
- Zitronensaft
- weißer Pfeffer
- Salz

Herstellung

Den Weißkohl, Fenchel und die Paprika in feine Streifen, den Kohlrabi in dünne Stifte schneiden und die geschälte rote Zwiebel fein hacken.
Das Gemüse dann in eine entsprechend große Schüssel geben und mit Salz, Pfeffer sowie einem Spritzer Zitronensaft abschmecken.
Danach den griechischen Joghurt, die Mayonnaise sowie die Creme fraiche unterrühren und den Salat vor dem Verzehr zwei Stunden im Kühlschrank ziehen lassen.

SCHWEINEKRUSTENBRATEN

Zutaten für 6 - 8 Personen:

- **3,0 kg Schweineunterschale mit Schwarte**

- 1 Bund Suppengemüse
- 1 Bund Lauchzwiebeln
- 1 Dose geschälte Tomaten
- mittelscharfer Senf
- schwarzer Pfeffer
- 300 ml warme Gemüsebrühe
- 4 EL Rapsöl
- 1 TL Paprika, edelsüß
- 1 TL Cayennepfeffer
- Salz

Herstellung

Die Schwarte der Unterschale rautenförmig einschneiden, damit sie später besonders knusprig wird.

Den Braten dann mit Salz sowie Pfeffer würzen und rundherum mit Senf einreiben.

Zeitgleich lässt man 24 Grillbriketts durchglühen, packt die Hälfte kreisförmig unter einen 12“- Dutch Oven, gibt 4 Esslöffel Rapsöl hinein und brät den Krustenbraten rundherum scharf an.

Danach wird er aus dem Topf genommen, das klein gewürfelte Suppengemüse und die in Scheiben geschnittenen Lauchzwiebeln hineingegeben und kurz angedünstet.

Anschließend packt man den Krustenbraten wieder in den Dutch Oven und gibt die geschälten Tomaten, die Gemüsebrühe, das Paprikapulver sowie den Cayennepfeffer dazu.

Dann wird der Dutch Oven mit dem Deckel verschlossen und die restlichen 12 Briketts unregelmäßig darauf verteilt.

Die anschließende Garzeit beträgt 2 bis 2,5 Stunden.

In den letzten 20 Minuten der Garzeit ist durch das Auflegen von 6 zusätzlichen Briketts auf den Deckel die Oberhitze zu erhöhen.

Dadurch bekommt der Braten eine schöne knusprige Schwarte.

Grillbriketts, deren Heizleistung während der Garzeit stark nachlassen, sind durch frisch durchgeglühte Briketts zu ersetzen.

Vor dem Servieren ist die Soße durch ein Sieb zu gießen, ggf. zu entfetten und mit etwas in kaltem Wasser verrührter Speisestärke anzudicken.

BURGUNDER - KRUSTENBRATEN

Zutaten für 6 - 8 Personen:

- **3,0 kg geräucherte Schweineunterschale mit Schwarte**

- 500 g Pfifferlinge
- 500 ml roter Burgunder
- 4 EL Rapsöl

Herstellung

Geräucherte Schweineunterschale können Sie beim Metzger Ihres Vertrauens oder im Großmarkt käuflich erwerben.
Dadurch, dass der Krustenbraten bereits gepökelt und geräuchert ist, muss er nicht noch zusätzlich gewürzt werden.
Zu Beginn schneidet man die Schwarte rautenförmig ein, damit der Braten nach der Zubereitung eine schöne Kruste hat.
Zeitgleich lässt man 24 Grillbriketts durchglühen, packt die Hälfte kreisförmig unter einen 12"- Dutch Oven, gibt 4 Esslöffel Rapsöl hinein und brät den Krustenbraten rundherum scharf an.
Danach wird der Burgunder zugegossen, der Dutch Oven mit dem Deckel verschlossen und auf dem Deckel unregelmäßig die restlichen 12 Briketts verteilt.
Nach 2 Stunden Garzeit nimmt man den Topf von der Feuerstelle, legt den Deckel umgedreht als Pfanne wieder auf die Briketts und brät darin in etwas Rapsöl die Pfifferlinge an.
Nach ca. 3 Minuten gibt man sie zum Krustenbraten, stellt den Dutch Oven wieder auf die Feuerstelle und erhöht für die restlichen 20 Minuten Garzeit durch das Auflegen von 6 zusätzlichen Briketts auf den Deckel die Oberhitze.
Dadurch bekommt der Burgunder - Krustenbraten eine schöne knusprige Schwarte.
Grillbriketts, deren Heizleistung während der Garzeit stark nachlassen, sind durch frisch durchgeglühte Briketts zu ersetzen.
Vor dem Servieren ist die Soße mit etwas in kaltem Wasser verrührter Speisestärke anzudicken.

MUTZBRATEN

Zutaten für 4 - 6 Personen:

- 2,5 kg Schweinenacken ohne Knochen

Zutaten für die Gewürzmischung:

- 30 g Kümmel, gemahlen
- 30 g Salz
- 25 g Majoran
- 8 g schwarzer Pfeffer

Sonstige Zutaten:

- 3 mittelgroße Zwiebeln
- 1,0 L Schwarzbier
- 2 EL scharfer Senf
- 2 EL Schweineschmalz
- 1 TL Cayennepfeffer
- 1 TL Majoran

Herstellung

Den Schweinenacken einmal längs und zweimal quer durchschneiden, so dass 6 faustgroße Stücke entstehen.
Alle Zutaten für die Gewürzmischung in einer Schüssel gut miteinander vermischen.
Die Nackenstücke von allen Seiten kräftig darin wälzen und abgedeckt ca. 24 Stunden zum marinieren in den Kühlschrank stellen.
Am Zubereitungstag lässt man 24 Grillbriketts durchglühen, packt die Hälfte kreisförmig unter einen 12“- Dutch Oven, gibt das Schweineschmalz hinein und brät die Nackenstücke rundherum scharf an.
Danach werden die geschälten und in Scheiben geschnittenen Zwiebeln kurz mit angeschmort, das handwarme Schwarzbier zugegeben und Senf, Majoran und Cayennepfeffer eingerührt.
Dann wird der Dutch Oven mit dem Deckel verschlossen und die restlichen 12 Grillbriketts unregelmäßig darauf verteilt.
Die anschließende Garzeit beträgt ca. 2 Stunden.
Während dieser Zeit sollte der Deckel mit den Briketts alle 30 Minuten um 90 Grad gedreht werden. Dadurch wird ein punktuelles Anbrennen der Mutzbratenstücke verhindert.
Vor dem Servieren ist die Soße durch ein Sieb zu gießen, ggf. zu entfetten und mit etwas in kaltem Wasser verrührter Speise stärke anzudicken.

Den Nacken in 6 faustgroße Stücke teilen und die Gewürze mischen.

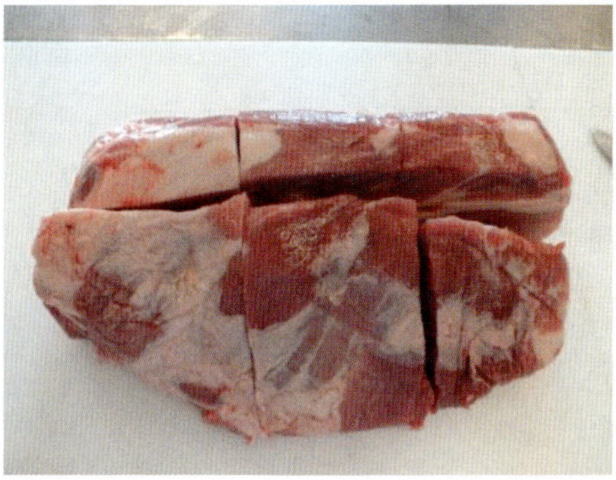

Die einzelnen Nackenstücke kräftig in der Gewürzmischung wälzen.

Die angebratenen Stücke.

Der fertige Mutzbraten.

BAYERISCHER SCHWEINEBRATEN

Zutaten für 6 - 8 Personen:

- **3,0 kg Schweineoberschale**

- 5 mittelgroße Zwiebeln
- 3 Möhren
- 2 Stangen Lauch
- ½ Sellerieknolle
- 3 Lorbeerblätter
- 200 ml Süße Sahne
- 2 EL Butterschmalz
- warme Rinderbrühe
- weißer Pfeffer
- Salz

Herstellung

Die geschälten Zwiebeln vierteln und die Möhren, den Lauch sowie den Sellerie in dickere Scheiben schneiden
Die Schweineoberschale von allen Seiten mit Pfeffer und Salz würzen.
Zeitgleich lässt man 24 Grillbriketts durchglühen, packt die Hälfte kreisförmig unter einen 12"- Dutch Oven, gibt 2 Esslöffel Butterschmalz hinein und brät die Oberschale rundherum scharf an.
Danach wird der Braten aus dem Topf genommen, das vorbereitete Gemüse hineingegeben und 10 Minuten angeschmort.
Anschließend packt man den Schweinebraten wieder in den Dutch Oven, gießt so viel Rinderbrühe zu bis er halb bedeckt ist und gibt die Lorbeerblätter mit in den Topf.
Dann wird der Dutch Oven mit dem Deckel verschlossen und die restlichen 12 Briketts unregelmäßig darauf verteilt.
Die anschließende Garzeit beträgt 2 bis 2,5 Stunden.
Während dieser Zeit muss der Braten stets halb bedeckt mit Rinderbrühe sein.
Sollte zu viel davon verdunsten, ist ausreichend Brühe nachzufüllen.
Weiterhin ist der Deckel mit den Briketts alle 30 Minuten um 90 Grad zu drehen. Dadurch wird ein punktuelles Anbrennen des Bayerischen Schweinebratens verhindert.
Vor dem Servieren ist die Soße durch ein Sieb zu gießen, ggf. zu entfetten und nach Zugabe der Süßen Sahne nochmals kurz aufzukochen.
Danach wird sie mit Salz und Pfeffer abgeschmeckt und mit etwas in kaltem Wasser verrührter Speisestärke angedickt.

DEFTIGER SCHULTERBRATEN

Zutaten für 6 - 8 Personen:

- **3,0 kg Schweineschulter ohne Knochen**

400	g	Rosinen	4	EL	Rapsöl
1,0	L	trockener Rotwein	1	EL	Majoran
5		Knoblauchzehen			schwarzer Pfeffer
3		mittelgroße Zwiebeln			Salz
5		Lorbeerblätter			

Herstellung

Die Schweineschulter von allen Seiten mit Pfeffer und Salz würzen.
Zeitgleich lässt man 24 Grillbriketts durchglühen und packt die Hälfte kreisförmig unter einen 12“- Dutch Oven.
Dann gibt man 4 Esslöffel Rapsöl in den Topf und brät die Schulter rundherum scharf an.
Danach wird der Braten aus dem Topf genommen, der gehackte Knoblauch sowie die geschälten und in kleine Würfel geschnittenen Zwiebeln hineingegeben und kurz angeschmort.
Anschließend packt man den Schulterbraten auf das Gemüse, gießt den Wein dazu und gibt die Rosinen, Lorbeerblätter sowie den Majoran in den Topf.
Dann wird der Dutch Oven mit dem Deckel verschlossen und die restlichen 12 Briketts unregelmäßig darauf verteilt.
Die anschließende Garzeit beträgt 2 bis 2,5 Stunden.
Während dieser Zeit sollte der Deckel mit den Briketts alle 30 Minuten um 90 Grad gedreht werden.
Dadurch wird ein punktuelles Anbrennen des Schulterbratens verhindert.
Vor dem Servieren ist die Soße durch ein Sieb zu gießen, ggf. zu entfetten, mit Salz und Pfeffer abzuschmecken und mit etwas in kaltem Wasser verrührter Speisestärke anzudicken.

GESCHMORTE SCHWEINSHAXEN

Zutaten für 4 Personen:

- **4 Schweinshaxen a` 800g**

▪ 800 ml	warmes Wasser	▪ 2	EL	Butterschmalz
▪ 200 g	Süße Sahne	▪ 2	EL	scharfer Senf
▪ 2	mittelgroße Zwiebeln	▪ 1 ½	EL	Delikatess - Brühe
▪ 1	Lauchstange	▪		etwas Tabascosauce
▪ 1	Sellerieknolle	▪		etwas Mehl
▪ 6	Pfefferkörner	▪		weißer Pfeffer
▪ 2	Lorbeerblätter	▪		Salz
▪ 1	Gewürznelke			

Herstellung

Die Schweinshaxen unter kaltem Wasser abspülen, mit Küchenpapier trocken tupfen und auf der Schwartenseite rautenförmig einschneiden. Dann werden sie mit Salz und weißem Pfeffer gewürzt und mit etwas Mehl bestreut.
Zeitgleich lässt man 24 Grillbriketts durchglühen, packt die Hälfte kreisförmig unter einen 12"- Dutch Oven, gibt 2 Esslöffel Butterschmalz hinein und brät die Haxen rundherum scharf an. Danach nimmt man sie aus dem Topf, gibt die geschälten und geviertelten Zwiebeln, die in dickere Scheiben geschnittene Lauchstange sowie den grob gewürfelten Sellerie dazu und schmort alles kurz an. Anschließend packt man die Schweinshaxen wieder in den Dutch Oven und gießt das zuvor mit der Delikatess - Brühe verrührte warme Wasser dazu.
Dann wird der Dutch Oven mit dem Deckel verschlossen und die restlichen 12 Briketts unregelmäßig darauf verteilt. Die anschließende Garzeit beträgt 2 bis 2,5 Stunden. Wenn die Flüssigkeit anfängt zu köcheln, rührt man den Senf und die Süße Sahne ein und gibt die Pfefferkörner, Lorbeerblätter sowie die Nelke dazu. Um eine gleichmäßig krosse Schwarte zu erhalten, sollte der Deckel mit den Briketts alle 30 Minuten um 90 Grad gedreht werden.
Grillbriketts, deren Heizleistung während der Garzeit stark nachlassen, sind durch frisch durchgeglühte Briketts zu ersetzen.
Vor dem Servieren ist die Soße durch ein Sieb zu gießen, ggf. zu entfetten und mit einigen Spritzern Tabascosauce, Salz und weißem Pfeffer abzuschmecken. Danach wird sie mit etwas in kaltem Wasser verrührter Speisestärke angedickt.

BACONBRATEN

Zutaten für 6 - 8 Personen:

- **2,5 kg Schweinenacken ohne Knochen**
- **300 g Bacon in Scheiben**

▪ 500 ml	warme Rinderbrühe	▪ 4	EL	Sonnenblumenöl
▪ 250 ml	Bockbier	▪ 2	EL	Dijon - Senf
▪ 200 g	Creme fraiche	▪ ½	TL	Paprika, edelsüß
▪ 2	Bund Suppengemüse	▪ ¼	TL	Chilipulver
▪ 2	Rosmarinzweige	▪		schwarzer Pfeffer
▪ 2	Thymianzweige	▪		Salz

Herstellung

Den Schweinenacken von allen Seiten mit Salz und Pfeffer würzen. Danach die Baconscheiben längs darum wickeln, mit Küchengarn fixieren und die beiden Rosmarinzweige mit etwas Abstand zueinander unter das Garn stecken.
Zeitgleich lässt man 24 Grillbriketts durchglühen, packt die Hälfte kreisförmig unter einen 12“- Dutch Oven, gibt 4 Esslöffel Sonnenblumenöl hinein und brät den Baconbraten rundherum an.
Danach wird er aus dem Topf genommen, das klein gewürfelte Suppengemüse hineingegeben und kurz angeschmort.
Anschließend packt man den Baconbraten wieder in den Dutch Oven und gießt das handwarme Bockbier sowie die warme Rinderbrühe dazu.
Dann wird der Dutch Oven mit dem Deckel verschlossen und die restlichen 12 Grillbriketts unregelmäßig darauf verteilt.
Die anschließende Garzeit beträgt 2 bis 2,5 Stunden.
Wenn die Flüssigkeit anfängt zu köcheln rührt man die Creme fraiche und den Dijon - Senf ein.
Danach gibt man die von den Zweigen gerupften Thymiannadeln sowie das Paprika- und Chilipulver dazu und schmeckt mit Salz sowie Pfeffer ab.
Grillbriketts, deren Heizleistung während der Garzeit stark nachlassen, sind durch frisch durchgeglühte Briketts zu ersetzen.
Vor dem Servieren ist die Soße durch ein Sieb zu gießen, ggf. zu entfetten und mit etwas in kaltem Wasser verrührter Speisestärke anzudicken.

MECKLENBURGER RIPPENBRATEN

Zutaten für 6 - 8 Personen:

- **2,5 kg Schweinebauch**
- **400 g gewürztes Hackfleisch**
- **100 g Trockenpflaumen**

▪ 800 ml	warmer Kalbsfond	▪ 4	EL	Rapsöl
▪ 3	mittelgroße Zwiebeln	▪ 2	EL	Meersalz
▪ 2	Knoblauchzehen	▪ 1	TL	bunter Pfeffer, grob
▪	Akazienhonig	▪ 1	TL	Paprika, edelsüß

Herstellung

Den Bauch entschwarten oder die Schwarte vom Metzger abtrennen lassen. Danach in eine der beiden schmaleren Seiten eine Tasche schneiden und das zuvor mit den klein geschnittenen Trockenpflaumen vermengte Hackfleisch hinein füllen.
Die Tasche dann mit Küchengarn zunähen oder mit Zahnstochern verschließen und den Braten auf der Fettseite rautenförmig einschneiden.
Anschließend wird er rundherum mit Honig eingerieben und mit der Mischung aus Meersalz, buntem Pfeffer und Paprikapulver gewürzt.
Zeitgleich lässt man 24 Grillbriketts durchglühen, packt die Hälfte kreisförmig unter einen 12"- Dutch Oven, gibt 4 Esslöffel Rapsöl hinein und brät den Braten von beiden Seiten scharf an.
Danach werden die geschälten, geviertelten Zwiebeln sowie der klein gehackte Knoblauch kurz mit angeschmort, der warme Kalbsfond zugegossen und der Dutch Oven mit dem Deckel verschlossen.
Auf dem Deckel verteilt man dann unregelmäßig die restlichen 12 Briketts und lässt den Mecklenburger Rippenbraten 2,5 bis 3 Stunden garen. Während dieser Zeit sollte der Deckel mit den Briketts alle 30 Minuten um 90 Grad gedreht werden, um ein punktuelles Anbrennen des Bratens zu verhindern.
Vor dem Servieren ist die Soße durch ein Sieb zu gießen, ggf. zu entfetten, mit 1 - 2 Esslöffel Creme fraiche abzuschmecken und mit etwas in kaltem Wasser verrührter Speisestärke anzudicken.
Grillbriketts, deren Heizleistung während der Garzeit stark nachlassen, sind durch frisch durchgeglühte Briketts zu ersetzen.

In den entschwarteten Bauch… **…eine Tasche schneiden.**

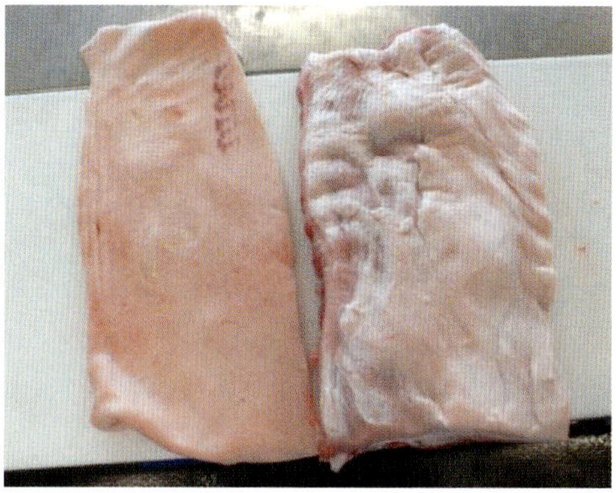

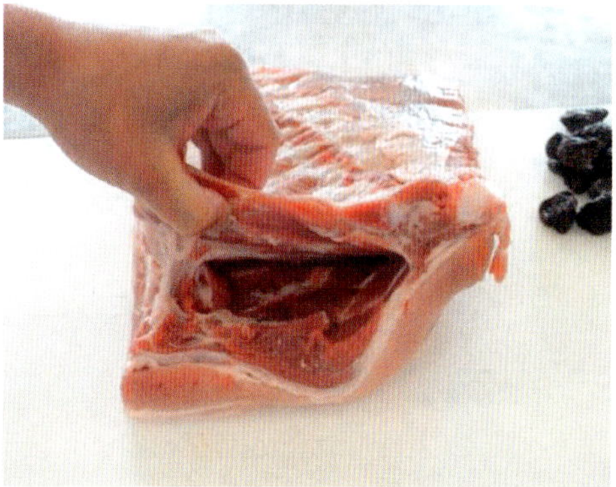

Hackfleisch und Pflaumen vermengen und in die Tasche füllen.

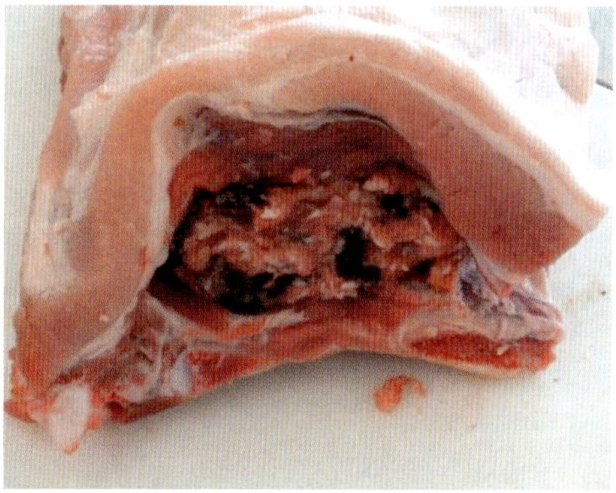

Die Tasche zunähen, den Braten mit Honig einreiben und würzen.

HONIGGLASIERTER JUNGSCHWEINRÜCKEN

Zutaten für 5 - 6 Personen:

- **1 Jungschweinrücken mit Schwarte ohne Knochen (ca. 2,5 kg)**

▪ 500	ml	warme Fleischbrühe	▪ 2	EL	Schweineschmalz
▪ 3		Möhren	▪ 2	EL	Akazienhonig
▪ 2		Knoblauchzehen	▪ 2	EL	heißes Wasser
▪ 1		mittelgroße Zwiebel	▪ 2	EL	Salz
▪ 1		Stange Lauch	▪ ½	EL	Paprika, edelsüß
▪ ¼		Sellerieknolle	▪ ½	TL	schwarzer Pfeffer

Herstellung

Den Schweinerücken unter kaltem Wasser abspülten, mit Küchenpapier trocken tupften und die Schwarte rautenförmig einschneiden. Dann würzt man ihn mit der Mischung aus Salz, Paprikapulver und Pfeffer.
Die Möhren, der Lauch und der Sellerie werden in grobe Stücke geschnitten und der Knoblauch sowie die geschälte Zwiebel grob gehackt.
Zeitgleich lässt man 24 Grillbriketts durchglühen, packt die Hälfte kreisförmig unter einen 12“- Dutch Oven, gibt das Schweineschmalz hinein und brät den Rücken von beiden Seiten scharf an.
Danach wird er aus dem Topf genommen, das vorbereitete Gemüse kurz darin angeschmort und mit der Fleischbrühe abgelöscht. Anschließend packt man den Schweinerücken mit der Schwartenseite nach oben wieder in den Dutch Oven und verschließt ihn mit dem Deckel. Auf dem Deckel verteilt man dann unregelmäßig die restlichen 12 Briketts und lässt den Rücken ca. 2 Stunden garen.
Nach 90 Minuten Garzeit wird der Akazienhonig mit dem Wasser verrührt, die Schwarte damit eingepinselt und durch das Auflegen von 6 zusätzlichen Grillbriketts auf den Deckel die Oberhitze erhöht.
Dadurch wird die Schwarte schön knusprig.
Vor dem Servieren ist die Soße durch ein Sieb zu gießen, ggf. zu entfetten und bei Bedarf mit Salz und Pfeffer abzuschmecken.
Danach wird sie mit etwas in kaltem Wasser verrührter Speisestärke angedickt.
Grillbriketts, deren Heizleistung während der Garzeit stark nachlassen, sind durch frisch durchgeglühte Briketts zu ersetzen.

SEMMELBRATEN

Zutaten für 5 - 6 Personen:

- **2,5 kg Schweinenacken ohne Knochen**

▪ 2	EL	Preiselbeeren	▪ 400 ml	trockener Rotwein
▪ 1	EL	gemahlene Mandeln	▪ 300 ml	warmer Kalbsfond
▪ 1	EL	Rosinen	▪	Paprika, edelsüß
▪ 4	EL	Rapsöl	▪	schwarzer Pfeffer
▪ 4	EL	Semmeln	▪	Salz
▪ 1		Eigelb		

Herstellung

Die Semmeln kurz in lauwarmen Wasser einweichen, ausdrücken und gut mit den Rosinen, Mandeln sowie dem Eigelb vermengen.
In den Nacken eine Tasche schneiden, das Innere mit Pfeffer, Salz und Paprika würzen und die Masse hineinfüllen.
Die Öffnung dann mit Küchengarn zunähen oder mit Zahnstochern verschließen und den Braten auch von außen würzen.
Zeitgleich lässt man 24 Grillbriketts durchglühen, packt die Hälfte kreisförmig unter einen 12“- Dutch Oven, gibt 4 Esslöffel Rapsöl hinein und brät den Braten rundherum scharf an.
Danach werden der Rotwein sowie der warme Kalbsfond zugegossen und der Dutch Oven mit dem Deckel verschlossen.
Auf dem Deckel verteilt man dann unregelmäßig die restlichen 12 Briketts und lässt den Semmelbraten 2,5 bis 3 Stunden garen.
Nach ca. 1,5 Stunden werden die Preiselbeeren dazu gegeben
Während der Garzeit sollte der Deckel mit den Briketts alle 30 Minuten um 90 Grad gedreht werden, um ein punktuelles Anbrennen des Bratens zu verhindern.
Vor dem Servieren ist die Soße ggf. zu entfetten und bei Bedarf mit Salz und Pfeffer abzuschmecken.
Danach wird sie mit etwas in kaltem Wasser verrührter Speisestärke angedickt.
Grillbriketts, deren Heizleistung während der Garzeit stark nachlassen, sind durch frisch durchgeglühte Briketts zu ersetzen.

BESCHWIPSTER SPANFERKELRÜCKEN

Zutaten für 5 - 6 Personen:

- **1 Spanferkelrücken, ausgelöst (ca. 2,5 kg)**

- 500 ml warme Fleischbrühe (Instant)
- 200 ml helles Weizenbier
- 5 Möhren
- 4 mittelgroße Zwiebeln
- 1 Knoblauchzehe
- 1 Stange Porree
- 6 EL mittelscharfer Senf
- 2 EL Schweineschmalz
- 2 EL Salz
- 1 TL schwarzer Pfeffer
- 2 cl Whisky

Herstellung

Den Spanferkelrücken unter kaltem Wasser abspülen, mit Küchenpapier trocken tupfen und die Schwarte rautenförmig einschneiden.
Dann den Senf mit dem Whisky vermischen, den Rücken damit bestreichen und mit der Mischung aus Salz und schwarzem Pfeffer würzen.
Die Möhren klein würfeln, die geschälten Zwiebeln und den Knoblauch grob hacken und den Porree in dickere Ringe schneiden. Zeitgleich lässt man 24 Grillbriketts durchglühen, packt die Hälfte kreisförmig unter einen 12"- Dutch Oven, gibt das Schweineschmalz hinein und brät den Rücken von beiden Seiten scharf an. Danach wird das vorbereitet Gemüse rundherum um das Fleisch verteilt, kurz mit angeschmort und dann mit dem handwarmen Weizenbier abgelöscht. Wenn das Bier im offenen Dutch Oven fast verdampf ist, gießt man die Fleischbrühe dazu, verschließt den Topf mit dem Deckel und verteilt darauf unregelmäßig die restlichen 12 Briketts.
Die anschließende Garzeit beträgt ca. 2 Stunden.
Damit der Spanferkelrücken eine schöne knusprige Schwarte bekommt, wird nach 90 Minuten Garzeit die Oberhitze durch das Auflegen von 6 zusätzlichen Briketts auf den Deckel erhöht. Vor dem Servieren ist die Soße ggf. zu entfetten und bei Bedarf mit Salz und Pfeffer abzuschmecken.
Danach wird sie mit etwas in kaltem Wasser verrührter Speisestärke angedickt. Grillbriketts, deren Heizleistung während der Garzeit stark nachlassen, sind durch frisch durchgeglühte Briketts zu ersetzen.

SIZILIANISCHE SPANFERKELKEULE

Zutaten für 5 - 6 Personen:

- **1 Spanferkelkeule, ausgelöst (ca. 2,5 kg)**
- **4 Scheiben Parmaschinken**

▪ 500	g	geschälte Tomaten	▪ 4	EL	Sonnenblumenöl
▪ 200	ml	warme Fleischbrühe (Instant)	▪ 2	EL	Salz
▪ 10		mittelgroße Kartoffeln	▪ ½	EL	Rosmarin, getrocknet
▪ 6		Knoblauchzehen	▪ ½	EL	Thymian, getrocknet
▪ 3		gemischte Paprikaschoten	▪ 1	TL	weißer Pfeffer
▪ 2		mittelgroße Zwiebeln			

Herstellung

Die Spanferkelkeule unter kaltem Wasser abspülen, mit Küchenpapier trocken tupfen und mit der Mischung aus Salz und weißem Pfeffer würzen.
Die Kartoffeln schälen und vierteln, den Knoblauch und die geschälten Zwiebeln grob hacken und die zuvor vom Gehäuse befreiten Paprikaschoten in kleinere Stücke schneiden.
Zeitgleich lässt man 24 Grillbriketts durchglühen, packt die Hälfte kreisförmig unter einen 12“- Dutch Oven, gibt das Sonnenblumenöl hinein und brät die Keule rundherum scharf an.
Danach wird sie aus dem Topf genommen, das vorbereitete Gemüse ca. 10 Minuten darin angeschmort und mit der Fleischbrühe abgelöscht.
Dann fügt man die geschälten Tomaten, den Thymian und das Rosmarin zu, vermischt alles gut miteinander und packt die Spanferkelkeule darauf.
Anschließend wird der Dutch Oven mit dem Deckel verschlossen, die restlichen 12 Briketts unregelmäßig darauf verteilt und die Keule ca. 2 Stunden gegart.
Nach 90 Minuten Garzeit schmeckt man das Gemüse mit Salz und Pfeffer ab und fügt den in feine Streifen geschnittenen Parmaschinken zu.
Grillbriketts, deren Heizleistung während der Garzeit stark nachlassen, sind durch frisch durchgeglühte Briketts zu ersetzen.

KÄSE - BACON - ROULADEN

Zutaten für 6 Personen:

- **6 Schweinerouladen aus dem Nacken a` 200g**
- **12 Scheiben Bacon**

▪ 600	ml	warmer Kalbsfond	▪ 2	Rosmarinzweige
▪ 250	g	Schalotten	▪ 1	Bund Lauchzwiebeln
▪ 200	g	Büffelkäse	▪ 2 EL	Butterschmalz
▪ 6		Gewürzgurken	▪	mittelscharfer Senf
▪ 3		Lorbeerblätter	▪	schwarzer Pfeffer
▪ 2		Knoblauchzehen	▪	Salz

Herstellung

Die vom Metzger aus einem Schweinenacken geschnittenen Rouladen ausbreiten, mit Salz und Pfeffer würzen und großzügig mit Senf bestreichen
Danach die Gewürzgurken und den Käse in dünne Scheiben sowie die Lauchzwiebeln in breitere Stücke schneiden, im Wechsel auf den einzelnen Rouladen verteilen und zum Abschluss je zwei Scheiben Bacon darauf legen.
Die Schweinerouladen dann zusammen rollen, mit einem Rouladenspieß fixieren und von außen würzen.
Zeitgleich lässt man 24 Grillbriketts durchglühen, packt die Hälfte kreisförmig unter einen 12“- Dutch Oven, gibt das Butterschmalz hinein und brät die Rouladen rundherum scharf an.
Dann werden sie aus dem Topf genommen, die vorher geschälten und kleingeschnittenen Schalotten sowie die gehackten Knoblauchzehen ca. 3 Minuten angeschmort und mit dem warmen Kalbsfond abgelöscht.
Danach gibt man die Lorbeerblätter und Rosmarinzweige zu, verschließt den Dutch Oven mit dem Deckel und verteilt darauf unregelmäßig die restlichen 12 Briketts.
Die anschließende Garzeit beträgt ca. 1,5 Stunden. Während der Garzeit sollte der Deckel mit den Briketts alle 30 Minuten um 90 Grad gedreht werden, um ein punktuelles Anbrennen der Rouladen zu verhindern. Vor dem Servieren ist die Soße ggf. zu entfetten, pikant mit Salz und Pfeffer abzuschmecken und mit etwas in kaltem Wasser verrührter Speisestärke anzudicken.
Grillbriketts, deren Heizleistung während der Garzeit stark nachlassen, sind durch frisch durchgeglühte Briketts zu ersetzen.

SCHWEINEROULADE MIT HACKFLEISCHFÜLLUNG

Zutaten für 6 Personen:

- **12 Schweinerouladen a` 130g**
- **800 g gewürztes Hackfleisch**

- 800 ml warme Fleischbrühe
- 200 ml warmes Wasser
- 200 ml Süße Sahne
- 200 g frische Champignons
- 2 mittelgroße Zwiebeln
- 2 Eigelb
- 3 EL Tomatenmark
- 2 EL Butterschmalz
- mittelscharfer Senf
- Paprika, edelsüß
- schwarzer Pfeffer
- Salz

Herstellung

Das Hackfleisch gut mit den vorher geputzten und klein geschnittenen Champignons ,den geschälten und fein gehackten Zwiebeln sowie den beiden Eigelb vermengen und aus der Masse 12 gleichgroße, längliche Klöße formen.
Die vom Metzger aus einem Schweinelachs geschnittenen Rouladen ausbreiten, mit Salz, Pfeffer sowie Paprikapulver würzen, großzügig mit Senf bestreichen und dann jeweils einen Hackfleischkloß darauf legen.
Die Schweinerouladen dann zusammen rollen, mit einem Rouladenspieß fixieren und von außen würzen.
Zeitgleich lässt man 24 Grillbriketts durchglühen, packt die Hälfte kreisförmig unter einen 12"- Dutch Oven, gibt das Butterschmalz hinein und brät die Rouladen rundherum scharf an.
Danach werden die Fleischbrühe und die Süße Sahne zugegossen, das Tomatenmark eingerührt, der Dutch Oven mit dem Deckel verschlossen und darauf die restlichen 12 Briketts unregelmäßig verteilt.
Die anschließende Garzeit beträgt ca. 1,5 Stunden.
Während der Garzeit sollte der Deckel mit den Briketts alle 30 Minuten um 90 Grad gedreht werden, um ein punktuelles Anbrennen der Rouladen zu verhindern. Vor dem Servieren ist die Soße ggf. zu entfetten, pikant mit Pfeffer und Salz abzuschmecken und mit etwas in kaltem Wasser verrührter Speisestärke anzudicken.
Grillbriketts, deren Heizleistung während der Garzeit stark nachlassen, sind durch frisch durchgeglühte Briketts zu ersetzen.

SPARERIBS

Zutaten für 4 Personen:

- **2,5 kg Spareribs**

Zutaten für die Marinade:

- 3 EL Paprika, edelsüß
- 3 EL Brauner Zucker
- 3 EL Akazienhonig
- 1 TL Cayennepfeffer
- 1 TL Meersalz
- ½ TL Knoblauchpulver

Sonstige Zutaten:

- 600 ml BBQ - Sauce
- 400 ml trockener Rotwein
- 2 EL Sonnenblumenöl
- 2 mittelgroße Zwiebeln

Herstellung

Alle Zutaten für die Marinade gut miteinander vermengen und die Spareribs kräftig darin wälzen.
Falls ein Vakuumiergerät vorhanden ist, werden sie danach in einen entsprechenden Folienbeutel gepackt und eingeschweißt.
Alternativ können sie aber auch in eine Schüssel gelegt werden, die sich gut abdecken lässt. Anschließend stellt man die Spareribs zum marinieren 24 Stunden in den Kühlschrank.
Am Zubereitungstag lässt man 24 Grillbriketts durchglühen, packt die Hälfte kreisförmig unter einen 12"- Dutch Oven, gibt das Sonnenblumenöl hinein und brät die Spareribs von beiden Seiten scharf an.
Danach werden die in Scheiben geschnittenen Zwiebeln kurz mit angeschmort und die restliche Marinade, der Rotwein sowie die BBQ - Sauce zugegeben.
Die Herstellung meiner leckeren selbstgemachten BBQ - Sauce finden Sie auf Seite 176.
Dann wird der Dutch Oven mit dem Deckel verschlossen und die restlichen 12 Briketts unregelmäßig darauf verteilt.
Die anschließende Garzeit beträgt ca. 2 Stunden.
Während der Garzeit sollte der Deckel mit den Briketts alle 30 Minuten um 90 Grad gedreht werden, um ein punktuelles Anbrennen der Spareribs zu verhindern.
Grillbriketts, deren Heizleistung während der Garzeit stark nachlassen, sind durch frisch durchgeglühte Briketts zu ersetzen.

SCHWEINEBÄCKCHEN

Zutaten für 4 - 6 Personen:

- **2,0 kg Schweinebäckchen**
- **8 Baconscheiben**

- 400 ml BBQ - Sauce
- 300 ml warmes Wasser
- 200 ml trockener Rotwein
- 3 Möhren
- 1 Bund Suppengemüse
- 1 Bund Lauchzwiebeln
- 4 EL Sonnenblumenöl
- 2 EL Paprika, edelsüß
- 1 EL gekörnte Brühe
- ½ TL Cayennepfeffer
- ½ TL schwarzer Pfeffer
- Meersalz

Herstellung

Die Schweinebäckchen mit etwas Paprikapulver, etwas Cayennepfeffer und Salz bestreuen.
Den Bacon in kleine Streifen und das Gemüse in größere Stücke schneiden.
Zeitgleich lässt man 24 Grillbriketts durchglühen, packt die Hälfte kreisförmig unter einen 12“- Dutch Oven, gibt das Sonnenblumenöl hinein und brät die Bäckchen von beiden Seiten an.
Dann werden sie aus dem Topf genommen, das Gemüse ca. 10 Minuten angedünstet und mit dem Rotwein abgelöscht. Nachdem er etwas eingeköchelt ist gibt man das warme Wasser dazu und rührt die Fleischbrühe, 2 EL Paprikapulver, ½ TL Cayennepfeffer und ½ TL schwarzen Pfeffer ein.
Danach gibt man die Schweinebäckchen wieder in den Dutch Oven, gießt die BBQ - Sauce darüber (Rezept siehe Seite 176), verschließt den Topf mit dem Deckel und verteilt darauf unregelmäßig die restlichen 12 Briketts.
Die anschließende Garzeit beträgt ca. 2 Stunden.
Während der Garzeit sollte der Deckel mit den Briketts alle 30 Minuten um 90 Grad gedreht werden, um ein punktuelles Anbrennen der Schweinebäckchen zu verhindern.
Vor dem Servieren ist die Soße ggf. zu entfetten.
Grillbriketts, deren Heizleistung während der Garzeit stark nachlassen, sind durch frisch durchgeglühte Briketts zu ersetzen.

Alle benötigten Zutaten.

Die gewürzten Bäckchen…

….scharf anbraten.

Dann das Gemüse andünsten.

BBQ - Sauce darüber gießen.

Die fertigen Schweinebäckchen.

KASSELER HAWAII

Zutaten für 6 - 8 Personen:

- **2,0 kg Kasselernacken**
- **400 g Bacon in Scheiben**

- 500 g festkochende Kartoffeln
- 400 g frischer Broccoli
- 200 g Cheddar - Käse
- 400 ml Hot - Chili - Sauce
- 200 ml BBQ - Sauce
- 6 Scheiben Ananas
- 2 mittelgroße Zwiebeln
- 1 Frühlingszwiebel
- schwarzer Pfeffer
- Salz

Herstellung

In den Kasselernacken 12 tiefe Schnitte machen, die Ananasscheiben halbieren und hineinstecken.
Die geschälten Kartoffeln längs in Spalten schneiden, die geschälten Zwiebeln sowie die Frühlingszwiebel klein würfeln und den bissfest gekochten Broccoli in einzelne Röschen teilen.
Dann legt man einen 12“- Dutch Oven so mit Baconscheiben aus, dass der Boden und ein Stück vom Rand bedeckt sind. Dadurch brennt der Kasseler Hawaii während der Zubereitung nicht an.
Danach werden die Zwiebelwürfel und die Kartoffelspalten darauf gelegt, beides mit Pfeffer sowie Salz gewürzt und der Kasselernacken darauf gepackt.
Auf den Kasseler verteilt man die Broccoliröschen, kippt die Hot - Chili - Sauce sowie die BBQ - Sauce darüber und bedeckt alles mit einer Schicht Baconscheiben. Danach wird der Topf mit dem Deckel verschlossen.
Zeitgleich lässt man 21 Grillbriketts durchglühen, packt 7 Stück kreisförmig unter den Dutch Oven und 14 Briketts auf den Deckel.
Die anschließende Garzeit beträgt ca. 2 Stunden.
Wenn der Kasseler Hawaii gar ist, packt man den in dünne Scheiben geschnittenen Cheddar - Käse darüber und lässt alles im wieder geschlossenen Dutch Oven noch ca. 5 Minuten überbacken.
Grillbriketts, deren Heizleistung während der Garzeit stark nachlassen, sind durch frisch durchgeglühte Briketts zu ersetzen.
Die Rezepte für meine selbst gemachte Hot - Chili - Sauce finden Sie auf Seite 177 und für meine BBQ - Sauce auf Seite 176.

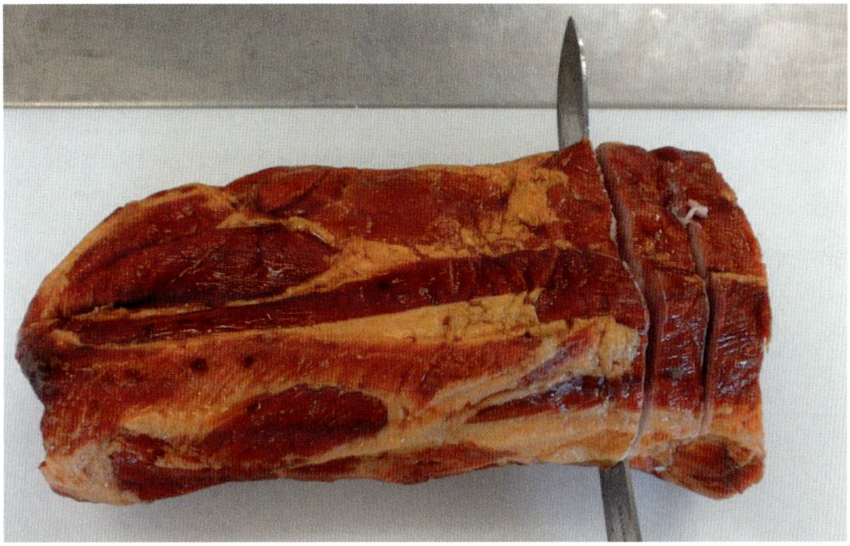

BACON - BLUMENKOHL - BOMBE

Zutaten für 6 - 8 Personen:

- **1,0 kg gewürztes Hackfleisch**
- **15 Baconscheiben**

▪ 1,0 kg	festkochende Kartoffeln	▪ 2	mittelgroße Eier
▪ 400 g	Emmentaler Käse, gerieben	▪ 2 TL	mittelscharfer Senf
▪ 1	großer Blumenkohl	▪	Semmelmehl
▪ 1	Becher Süße Sahne	▪	schwarzer Pfeffer
▪ 2	mittelgroße Zwiebeln	▪	Salz

Herstellung

Den Blumenkohl putzen, in Salzwasser bissfest garen und abkühlen lassen.
Das Hackfleisch gut mit den geschälten, klein gewürfelten Zwiebeln, Eiern, dem Senf und etwas Semmelmehl vermengen.
Bei Bedarf kann es noch etwas mit Salz und Pfeffer nachgewürzt werden.
Dann wird der Blumenkohl rundherum mit dem Hackfleisch ummantelt, danach mit den Baconscheiben bedeckt und in der Mitte eines 12“ - Dutch - Ovens platziert.
Die geschälten Kartoffeln schneidet man in dünne Scheiben und verteilt sie um die Bacon - Blumenkohl - Bombe.
Die Süße Sahne wird etwas mit Salz sowie Pfeffer gewürzt und über die Kartoffelscheiben gegossen.
Zum Abschluss streut man den Emmentaler Käse darüber und verschließt den Dutch Oven mit dem Deckel.
Zeitgleich lässt man 18 Grillbriketts durchglühen, packt 6 Stück kreisförmig unter den Dutch Oven und 12 Briketts auf den Deckel.
Die anschließende Garzeit beträgt ca. 1,5 Stunden.
Während der Garzeit sollte der Deckel mit den Briketts alle 30 Minuten um 90 Grad gedreht werden, um ein punktuelles Anbrennen der Bacon - Blumenkohl - Bombe zu verhindern.
Grillbriketts, deren Heizleistung während der Garzeit stark nachlassen, sind durch frisch durchgeglühte Briketts zu ersetzen.

GESCHMORTER RINDERROLLBRATEN

Zutaten für 4 - 6 Personen:

- **1,5 kg Semerrolle PAD (ohne Fett)**
- **5 Scheiben Bacon**

▪ 500 g	festkochende Kartoffeln	▪ 1	Bund Lauchzwiebeln
▪ 300 ml	warmer Rinderfond	▪ 1	rote Paprikaschote
▪ 300 ml	Hot - Chili - Sauce	▪ 2 EL	Butterschmalz
▪ 300 ml	BBQ - Sauce	▪ ½ TL	Cayennepfeffer
▪ 6	Gewürzgurken	▪	Honig - Senf
▪ 4	mittelgroße Zwiebeln	▪	schwarzer Pfeffer
▪ 3	Möhren	▪	Salz

Herstellung

Die Semerrolle aufschneiden, wie eine Roulade ausrollen und die obere Seite großzügig mit Honig - Senf bestreichen. Die Herstellung meines leckeren selbst gemachten Honig - Senfs finden Sie auf Seite 181.

Danach werden die Baconscheiben darauf verteilt und darauf die geviertelten Gewürzgurken gelegt. Von einer Seite beginnend rollt man dann die ganze Scheibe zu einer großen Roulade und verschnürt sie mit Fleischerband.

Von außen wird der Rinderrollbraten dann nochmals kräftig mit Pfeffer sowie Salz gewürzt und in Honig - Senf gewälzt.

Zeitgleich lässt man 24 Grillbriketts durchglühen, packt die Hälfte kreisförmig unter einen 12"- Dutch Oven, gibt 2 Esslöffel Butterschmalz hinein und brät den Rinderrollbraten rundherum scharf an.

Dann werden die geschälten und in Scheiben geschnittenen Zwiebeln, die in breitere Stücke geschnittenen Möhren und Frühlingszwiebeln sowie die vom Gehäuse befreite und in Streifen geschnittene Paprikaschote mit angeschmort.

Zum Schluss gießt man den Rinderfond sowie die BBQ - Sauce darüber, gibt den Cayennepfeffer dazu, verschließt den Dutch Oven mit dem Deckel und verteilt darauf unregelmäßig die restlichen 12 Briketts.

Die anschließende Garzeit beträgt ca. 3 Stunden, wobei nach 2,5 Stunden die Hot - Chili - Sauce sowie die geschälten und in größere Würfel geschnittenen Kartoffeln zugegeben werden.

Während der Garzeit sollte der Deckel mit den Briketts alle 30 Minuten um 90 Grad gedreht werden, um ein punktuelles Anbrennen des Rinderrollbratens zu verhindern. Grillbriketts, deren Heizleistung während der Garzeit stark nachlassen, sind durch frisch durchgeglühte Briketts zu ersetzen.

Die Semerrolle aufschneiden…

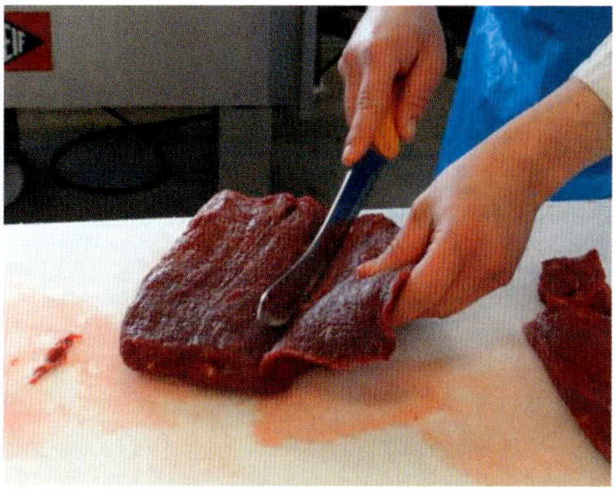

….und wie eine Roulade ausbreiten.

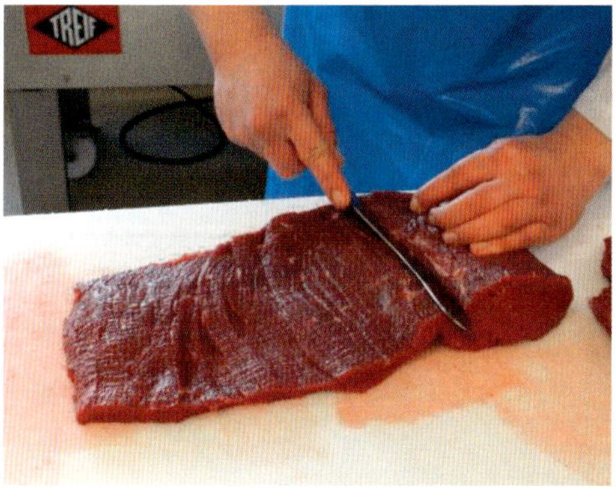

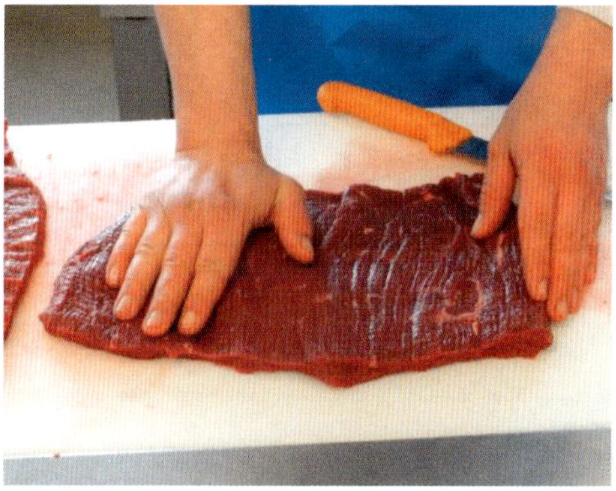

Dann mit Senf bestreichen und mit Bacon sowie Gurken belegen.

Den Rinderrollbraten zusammen rollen…

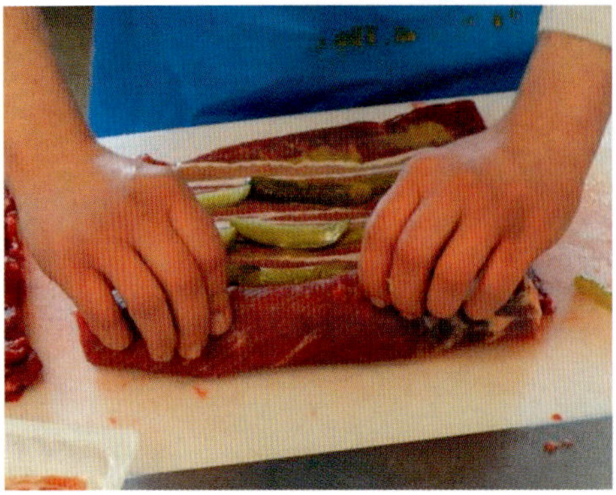

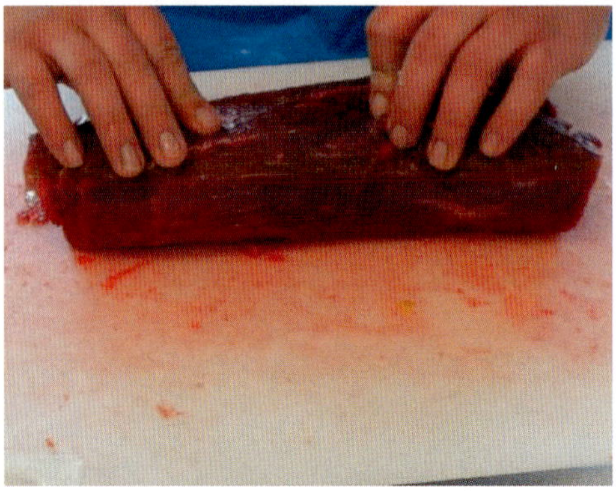

Und mit Fleischerband...

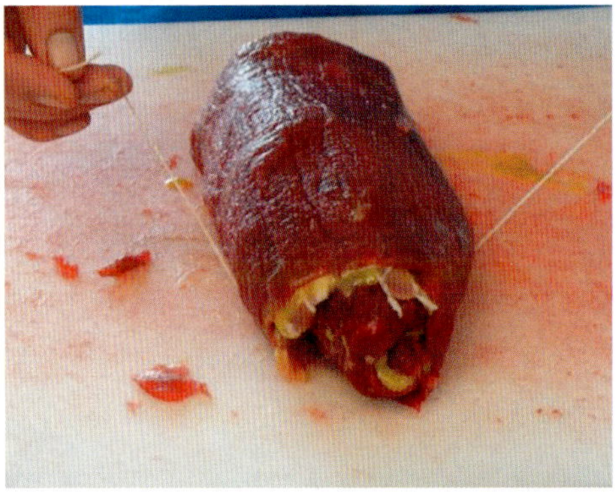

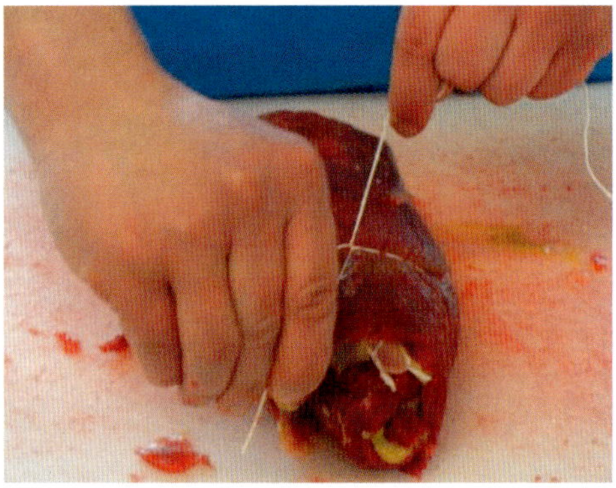

…wie eine Roulade verschnüren.

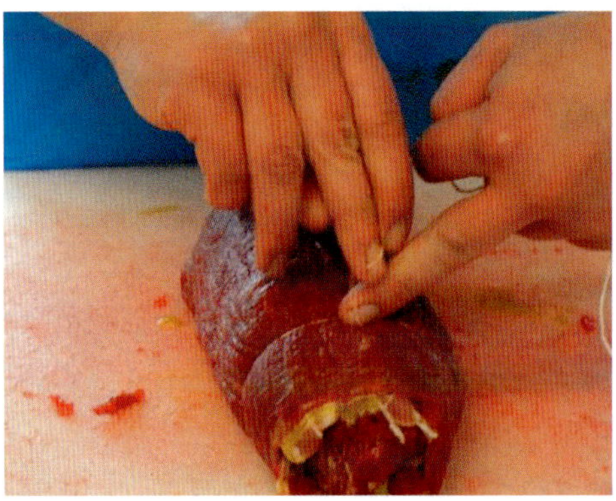

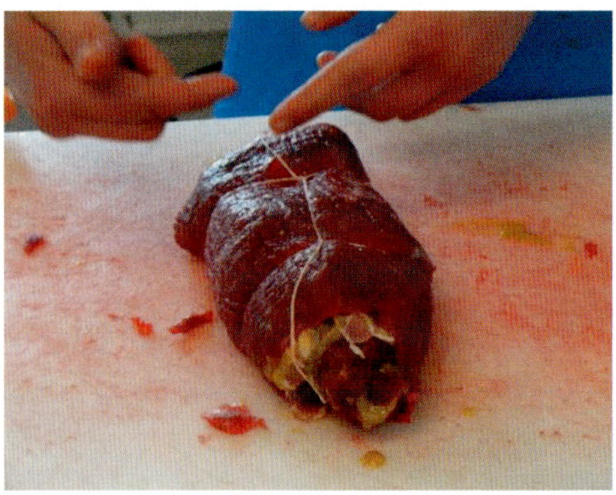

BADISCHER RINDERBRATEN

Zutaten für 5 - 7 Personen:

- **2,5 kg Falsches Rinderfilet**
- **150 g geräucherte Bauchspeckwürfel**

▪ 400	ml	warmer Rinderfond	▪ 1	Rosmarinzweig
▪ 400	ml	trockener Rotwein	▪ 4 EL	Sonnenblumenöl
▪ 3		rote Zwiebeln	▪ 1 EL	Tomatenmark
▪ 3		Möhren	▪	etwas Mehl
▪ ½		Sellerieknolle	▪	schwarzer Pfeffer
▪ 1		Thymianzweig	▪	Salz

Herstellung

Das Falsche Rinderfilet von allen Seiten mit Salz sowie Pfeffer würzen und in etwas Mehl wälzen.
Die geschälten Zwiebeln, Möhren und die Sellerieknolle in Würfel schneiden.
Zeitgleich lässt man 24 Grillbriketts durchglühen, packt die Hälfte kreisförmig unter einen 12"- Dutch Oven, gibt 4 Esslöffel Sonnenblumenöl hinein und brät das Fleisch rundherum scharf an.
Dann wird der Braten aus dem Dutch Oven genommen, die Bauchspeck- und Gemüsewürfel kurz darin angeschmort und mit dem Rotwein abgelöscht.
Nachdem er etwas eingeköchelt ist, gießt man den warmen Rinderfond dazu, rührt das Tomatenmark ein und gibt den Thymian und Rosmarin hinein.
Danach packt man das Falsche Rinderfilet wieder in den Topf, verschließt ihn mit dem Deckel und verteilt darauf unregelmäßig die restlichen 12 Briketts.
Die anschließende Garzeit beträgt 2,5 bis 3 Stunden.
Während der Garzeit sollte der Deckel mit den Briketts alle 30 Minuten um 90 Grad gedreht werden, um ein punktuelles Anbrennen des Rinderbratens zu verhindern.
Vor dem Servieren ist die Soße durch ein Sieb zu gießen, ggf. zu entfetten und mit etwas in kaltem Wasser verrührter Speisestärke anzudicken.
Grillbriketts, deren Heizleistung während der Garzeit stark nachlassen, sind durch frisch durchgeglühte Briketts zu ersetzen.

ALT WIENER TAFELSPITZ

Zutaten für 4 - 6 Personen:

- **2,0 kg Tafelspitz**
- **600 g Markknochen**

Zutaten für den Tafelspitz:

- 4 mittelgroße Zwiebeln
- 1 Bund Suppengrün
- 1 Stange Lauch
- 6 Wacholderbeeren
- 1 Pimentkörner
- 4 Lorbeerblätter
- ½ EL Senfkörner

Zutaten für die Meerrettichsoße:

- 800 ml Kochbrühe
- 200 ml Süße Sahne
- 200 ml Milch
- 100 g Meerrettich
- 90 g Butter
- 90 g Mehl
- Salz

Herstellung

Den Tafelspitz und die Markknochen abwaschen, in einen 12" - Dutch Oven legen und soviel kaltes Wasser aufgießen, bis alles bedeckt ist.
Zeitgleich lässt man 24 Grillbriketts durchglühen und packt 16 davon kreisförmig unter den Dutch Oven.
Dann werden das grob zerkleinerte Gemüse, die Wacholderbeeren, Pimentkörner, Lorbeerblätter und Senfkörner zugeben, der Topf mit dem Deckel verschlossen und die restlichen 8 Briketts unregelmäßig darauf verteilt.
Die anschließende Garzeit beträgt ca. 2,5 Stunden.
Danach wird das fertig gegarte Fleisch aus dem Topf genommen, die Kochbrühe durch ein feines Sieb gegossen und nach Geschmack gesalzen.
Anschließend zerlässt man die Butter im offenen Dutch Oven, stellt durch das Einrühren des Mehls eine Schwitze her und gibt nach und nach unter ständigem Rühren 800 ml der Kochbrühe dazu.
Danach wird die Süße Sahne und Milch zugegossen, alles nochmals kurz aufgekocht, der Meerrettich untergerührt und die Soße mit Salz abgeschmeckt.
Zum Schluss schneidet man den Tafelspitz in gleichmäßig dicke Scheiben und lässt ihn ca. 10 Minuten in der Soße durchziehen.
Grillbriketts, deren Heizleistung während der Garzeit stark nachlassen, sind durch frisch durchgeglühte Briketts zu ersetzen.

OCHSENBÄCKCHEN

Zutaten für 6 - 8 Personen:

- **2,5 kg Ochsenbäckchen**
- **150 g geräucherte Bauchspeckwürfel**

▪ 400 ml	warmer Kalbsfond		▪ 2 EL	Butterschmalz
▪ 300 ml	Burgunder Rotwein		▪ 2	Thymianzweige
▪ 200 ml	Hot - Chili - Sauce		▪ 1	Bund Suppengrün
▪ 3	Knoblauchzehen		▪	schwarzer Pfeffer
▪ 3	Möhren		▪	Salz

Herstellung

Die Ochsenbäckchen parieren und mit Salz sowie Pfeffer würzen.
Das Suppengrün und die Möhren klein würfeln, die Knoblauchzehen hacken.
Zeitgleich lässt man 24 Grillbriketts durchglühen, packt die Hälfte kreisförmig unter einen 12“- Dutch Oven, gibt 2 Esslöffel Butterschmalz hinein und brät die Ochsenbäckchen von beiden Seiten scharf an.
Dann werden sie aus dem Topf genommen, die Bauchspeckwürfel und das vorbereitete Gemüse kurz darin angeschmort und mit dem Rotwein abgelöscht.
Nachdem er etwas eingeköchelt ist, gießt man den warmen Kalbsfond dazu und packt die Ochsenbäckchen wieder in den Dutch Oven.
Danach wird er mit dem Deckel verschlossen und die restlichen 12 Briketts unregelmäßig darauf verteilt.
Die anschließende Garzeit beträgt ca. 3 Stunden.
Nach einer Stunde gibt man die Hot - Chili - Sauce und die Thymianzweige dazu. Das Rezept für meine leckere selbstgemachte Hot - Chili - Sauce finden Sie auf Seite 177.
Damit die Ochsenbäckchen gleichmäßig schmoren, müssen sie während der gesamten Garzeit mit Flüssigkeit bedeckt sein. Sollte zu viel davon verdunsten, ist mit Kalbsfond aufzufüllen.
Weiterhin muss der Deckel mit den Briketts alle 30 Minuten um 90 Grad gedreht werden, um ein punktuelles Anbrennen der Bäckchen zu verhindern.
Vor dem Servieren ist die Soße durch ein Sieb zu gießen, ggf. zu entfetten und mit etwas in kaltem Wasser verrührter Speisestärke anzudicken.
Grillbriketts, deren Heizleistung während der Garzeit stark nachlassen, sind durch frisch durchgeglühte Briketts zu ersetzen.

RHEINISCHER SAUERBRATEN

Zutaten für 6 - 8 Personen:

- **2,5 kg Semerrolle**

Zutaten für den Sauerbraten:

- 500 ml warmer Rinderfond
- 300 ml Marinade
- 300 ml trockener Rotwein
- 100 g Pumpernickel
- 4 mittelgroße Zwiebeln
- 3 EL Creme fraiche
- 4 EL Rapsöl
- 30 g Rosinen

Zutaten für die Marinade:

- 2,3 L Wasser
- 0,7 L Essig
- 1 TL Wacholderbeeren
- 1 TL Senfkörner
- ½ TL Pimentkörner
- ½ TL Pfefferkörner
- ½ TL Dill, getrocknet
- ¼ TL Koriander, ganz
- 3 Lorbeerblätter
- 3 Gewürznelken

Herstellung

Die Zutaten für die Marinade kurz aufkochen, in ein entsprechend großes Gefäß füllen und erkalten lassen. Dann die Semerrolle hinein legen, drei Tage an einem kühlen Ort darin marinierten lassen und dabei mehrfach wenden.
Anschließend muss das Fleisch gut abtropfen und gründlich mit Küchenpapier trocken getupft werden.
Am Zubereitungstag lässt man 24 Grillbriketts durchglühen, packt die Hälfte kreisförmig unter einen 12"- Dutch Oven, gibt 4 Esslöffel Rapsöl hinein und brät den Sauerbraten rundherum scharf an. Danach werden die gehackten Zwiebeln kurz mit angeschmort und mit dem Rotwein sowie 300 ml der Marinade abgelöscht. Wenn die Flüssigkeit im offenen Dutch Oven etwas eingeschmort ist, gießt man den Rinderfond dazu, verschließt den Topf mit dem Deckel und verteilt darauf unregelmäßig die restlichen 12 Briketts.
Die anschließende Garzeit beträgt ca. 2,5 bis 3 Stunden.
Nach einer Stunde wird die Creme fraiche eingerührt und das klein gewürfelte Pumpernickel dazu gegeben.
Während der Garzeit muss der Deckel mit den Briketts alle 30 Minuten um 90 Grad gedreht werden, um ein punktuelles Anbrennen des Sauerbratens zu verhindern. Vor dem Servieren ist die Soße durch ein Sieb zu gießen, ggf. zu entfetten und mit etwas in kaltem Wasser verrührter Speisestärke anzudicken.

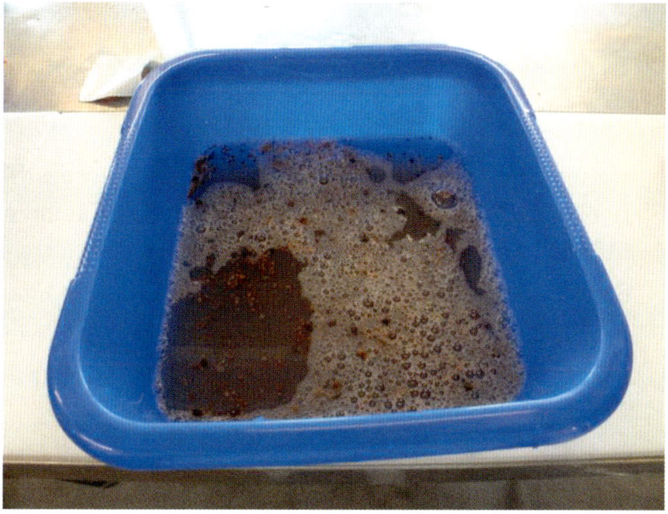

GESCHMORTER OCHSENSCHWANZ

Zutaten für 4 - 6 Personen:

- **2,5 kg Ochsenschwanz, zerteilt**

▪ 700 ml	warme Rinderbrühe	▪ 3		Lorbeerblätter
▪ 500 ml	trockener Rotwein	▪ 3	EL	Waldhonig
▪ 4	Möhren	▪ 2	EL	Butterschmalz
▪ 2	Stangen Sellerie	▪		schwarzer Pfeffer
▪ 2	mittelgroße Zwiebeln	▪		etwas Mehl
▪ 1	Bund Suppengemüse	▪		Salz

Herstellung

Den Ochsenschwanz mit Salz sowie Pfeffer würzen und in etwas Mehl wälzen.
Das Gemüse putzen bzw. schälen und in dickere Scheiben schneiden.
Zeitgleich lässt man 24 Grillbriketts durchglühen, packt die Hälfte kreisförmig unter einen 12“- Dutch Oven, gibt 2 Esslöffel Butterschmalz hinein und brät den Ochsenschwanz rundherum scharf an.
Dann wird das vorbereitete Gemüse kurz mit angeschmort und mit dem Rotwein abgelöscht.
Nachdem er etwas eingeköchelt ist, gießt man die warme Rinderbrühe dazu und rührt den Waldhonig ein .
Danach wird der Dutch Oven mit dem Deckel verschlossen und die restlichen 12 Briketts unregelmäßig darauf verteilt.
Die anschließende Garzeit beträgt ca. 2,5 Stunden.
Damit der Ochsenschwanz gleichmäßig schmort, sollte er während der gesamten Garzeit mit Flüssigkeit bedeckt sein. Sollte zu viel davon verdunsten, ist mit Rinderbrühe aufzufüllen.
Weiterhin muss der Deckel mit den Briketts alle 30 Minuten um 90 Grad gedreht werden, um ein punktuelles Anbrennen des Ochsenschwanzes zu verhindern.
Vor dem Servieren ist die Soße durch ein Sieb zu gießen, ggf. zu entfetten und mit etwas in kaltem Wasser verrührter Speisestärke anzudicken.
Grillbriketts, deren Heizleistung während der Garzeit stark nachlassen, sind durch frisch durchgeglühte Briketts zu ersetzen.

OCHSENZUNGE IN MADEIRA

Zutaten für 4 - 6 Personen:

- **1 gepökelte Rinderzunge (ca. 1,5 kg)**
- **200 g Bauchspeckwürfel**

▪ 600	ml	warmer Rinderfond	▪ 2	Lorbeerblätter
▪ 200	ml	Madeira Wein	▪ 1	Gewürznelke
▪ 2		Pastinaken	▪ 2 EL	Butterschmalz
▪ 1		Bund Suppengemüse	▪ 1 EL	Tomatenmark
▪ 1		mittelgroße Zwiebel	▪	schwarzer Pfeffer
▪ ½		Lauchstange	▪	Salz

Herstellung

Das Gemüse putzen bzw. schälen und in dickere Scheiben schneiden.
Zeitgleich lässt man 24 Grillbriketts durchglühen und packt die Hälfte kreisförmig unter einen 12"- Dutch Oven.
Dann gibt man 2 Esslöffel Butterschmalz hinein und brät das Gemüse und die Bauchspeckwürfel darin an.
Danach werden der Rinderfond und der Madeira Wein zugegossen, das Tomatenmark eingerührt und die Rinderzunge sowie die Gewürze hinein gegeben.
Anschließend wird der Dutch Oven mit dem Deckel verschlossen, die restlichen 12 Briketts unregelmäßig darauf verteilt und die Rinderzunge ca. 2 Stunden darin gegart.
Ihren idealen Garpunkt hat die Zunge erreicht, wenn sich die Haut an der Zungenspitze leicht ablösen lässt.
Während des Garens sollte der Deckel mit den Briketts alle 30 Minuten um 90 Grad gedreht werden, um ein punktuelles Anbrennen der Zunge zu verhindert.
Vor dem Servieren ist die Soße durch ein Sieb zu gießen, ggf. zu entfetten, pikant mit Salz und Pfeffer abzuschmecken und mit etwas in kaltem Wasser verrührter Speisestärke anzudicken.
Grillbriketts, deren Heizleistung während der Garzeit stark nachlassen, sind durch frisch durchgeglühte Briketts zu ersetzen.

DEFTIGE RINDERBEINSCHEIBEN

Zutaten für 5 - 7 Personen:

- **6 Rinderbeinscheiben (ca. 3,0 kg)**

500	g	festkochende Kartoffeln	2	EL	Sonnenblumenöl
400	ml	warme Rinderbrühe	1	TL	Paprikapulver, edelsüß
300	ml	trockener Rotwein	½	TL	Majoran
150	ml	Süße Sahne	¼	TL	Chilipulver
2	EL	Tomatenmark			etwas Mehl
2		rote Paprikaschoten			Kümmel, gemahlen
2		Thymianzweige			schwarzer Pfeffer
2		Möhren			Salz

Herstellung

Die Rinderbeinscheiben mit Pfeffer, Salz und Kümmel würzen und in etwas Mehl wälzen.

Die zuvor vom Gehäuse befreiten Paprikaschoten und die Möhren in größere Stücke schneiden.

Zeitgleich lässt man 20 Grillbriketts durchglühen, packt 8 Stück kreisförmig unter einen 12“- Dutch Oven, gibt 2 Esslöffel Sonnenblumenöl hinein und brät die Beinscheiben von beiden Seiten scharf an. Dann wird das vorbereitete Gemüse mit angeschmort und mit dem Rotwein abgelöscht.

Wenn er etwas eingekocht ist, gießt man die warme Rinderbrühe dazu und rührt das Tomatenmark sowie die Gewürze ein.

Danach wird der Dutch Oven mit dem Deckel verschlossen und die restlichen 12 Grillbriketts unregelmäßig darauf verteilt.

Die anschließende Garzeit beträgt ca. 2 Stunden, wobei nach 1,5 Stunden die geschälten und in Würfel geschnittenen Kartoffeln sowie die Süße Sahne zuzugeben sind.

Während der Garzeit sollte der Deckel mit den Briketts alle 30 Minuten um 90 Grad gedreht werden. Dadurch wird ein punktuelles Anbrennen der Rinderbeinscheiben verhindert.

Vor dem Servieren ist die Soße ggf. zu entfetten, nochmals mit Salz und Pfeffer abzuschmecken und mit etwas in kaltem Wasser verrührter Speisestärke anzudicken.

Grillbriketts, deren Heizleistung während der Garzeit stark nachlassen, sind durch frisch durchgeglühte Briketts zu ersetzen.

ARGENTINISCHE RINDERROULADEN

Zutaten für 4 Personen:

- **4 Rinderrouladen aus der Argentinischen Steakhüfte a` 220g**
- **Fleischgewürzzubereitung „Texaner Art“ von Alba**
- **4 Speckscheiben, geräuchert**

▪ 500	ml	warmer Rinderfond	▪ 1		rote Paprikaschote
▪ 250	ml	Hot - Chili - Sauce	▪ 2	EL	Butterschmalz
▪ 150	ml	Süße Sahne	▪		schwarzer Pfeffer
▪ 2		Stangen Porree	▪		Salz

Herstellung

Die Porreeblätter blanchieren und die zuvor vom Gehäuse befreite Paprikaschote in Streifen schneiden.
Die vom Metzger aus der Argentinischen Steakhüfte geschnittenen Rouladen ausbreiten und mit Salz sowie Pfeffer würzen.
Danach auf jede Roulade drei Porreeblätter legen, darüber jeweils eine geräucherte Speckscheibe und darauf vier Paprikastreifen.
Dann werden die Rinderrouladen zusammen gerollt, mit einem Rouladenspieß fixiert und in der Fleischgewürzzubereitung „Texaner Art“ gewälzt.
Zeitgleich lässt man 24 Grillbriketts durchglühen, packt die Hälfte kreisförmig unter einen 12“- Dutch Oven, gibt das Butterschmalz hinein und brät die Rouladen rundherum scharf an.
Danach werden der Rinderfond, die Hot - Chili - Sauce (Rezept siehe Seite 177) und die Süße Sahne zugegossen, der Dutch Oven mit dem Deckel verschlossen und darauf die restlichen 12 Briketts unregelmäßig verteilt.
Die anschließende Garzeit beträgt ca. 1 - 1,5 Stunden.
Während der Garzeit sollte der Deckel mit den Briketts alle 30 Minuten um 90 Grad gedreht werden, um ein punktuelles Anbrennen der Rouladen zu verhindern.
Vor dem Servieren wird die Soße pikant mit Salz und Pfeffer abgeschmeckt und mit etwas in kaltem Wasser verrührter Speisestärke angedickt.
Grillbriketts, deren Heizleistung während der Garzeit stark nachlassen, sind durch frisch durchgeglühte Briketts zu ersetzen.

Die Rouladen würzen, belegen und zusammen rollen.

Dann in der Gewürzzubereitung wälzen und fixieren…

Die Rinderrouladen anbraten und im Dutch Oven fertig garen.

PULLED BEEF

Zutaten für 6 - 8 Personen:

- **3,0 kg Rindernacken ohne Knochen**

Zutaten für den Rub (Gewürzmischung):

- 2 TL Brauner Zucker
- 1 TL geräuchertes Paprikapulver
- 1 TL Knoblauchpulver
- 1 TL Paprika, edelsüß
- 1 TL Cayennepfeffer
- 1 TL Zwiebelpulver
- 1 TL Chilipulver
- 1 TL Majoran

Sonstige Zutaten:

- 500 ml warme Rinderbrühe
- Olivenöl
- Sojasoße

Herstellung

Alle Zutaten für den Rub gut miteinander vermischen.
Den Rindernacken zuerst mit Olivenöl und dann kräftig mit dem Rub einreiben.
Falls ein Vakuumiergerät vorhanden ist, wird er danach in einen Folienbeutel mit entsprechender Größe gepackt und eingeschweißt. Alternativ kann er aber auch in eine Schüssel gelegt werden, die sich gut abdecken lässt.
Anschließend stellt man den Nacken zum marinieren 24 Stunden in den Kühlschrank.
Am Zubereitungstag lässt man 20 Grillbriketts durchglühen und packt die Hälfte kreisförmig unter einen 12“- Dutch Oven.
Dann gießt man soviel Sojasoße in den Topf bis der Boden bedeckt ist und legt den Nacken hinein.
Danach wird der restliche Rub zugegeben, ein kräftiger Schuss Sojasoße über das Fleisch gegossen, der Dutch Oven mit dem Deckel verschlossen und die restlichen 10 Grillbriketts unregelmäßig darauf verteilt.
Die anschließende Garzeit beträgt ca. 5 Stunden. Sie ist jedoch stark davon abhängig welche Außentemperatur herrscht, ob der Dutch Oven windgeschützt steht und wie schnell die Heizkraft der Grillbriketts nachlässt.
Wenn sich das Fleisch mit zwei Gabeln sehr leicht „zerreißen“ lässt, hat es den für Pulled Beef perfekten Garpunkt erreicht.
Dann wird es aus dem Dutch Oven genommen, komplett „zerrissen“ und mit der restlichen Flüssigkeit übergossen, die sich noch im Topf befindet.
Dadurch ist es dann schön saftig.

FEURIGE BEEF RIBS

Zutaten für 4 Personen:

- **3,0 kg Beef Ribs**

- 500 ml warme Rinderbrühe
- 300 ml Hot - Chili - Sauce
- 2 Knoblauchzehen
- 2 rote Zwiebeln
- 1 Chilischote
- 4 EL Tandoori - Paste
- 4 EL Sonnenblumenöl
- ½ TL Cayennepfeffer
- ¼ TL Chilipulver

Herstellung

Die Beef Ribs von beiden Seiten mit der Tandoori - Paste einreiben, in ein geeignetes Gefäß legen und über Nacht in den Kühlschrank stellen.
Am Zubereitungstag die Knoblauchzehen, die Chilischote sowie die geschälten Zwiebeln in dünne Scheiben schneiden.
Zeitgleich lässt man 24 Grillbriketts durchglühen, packt die Hälfte kreisförmig unter einen 12“- Dutch Oven, gibt 4 Esslöffel Sonnenblumenöl hinein und brät die Beef Ribs von beiden Seiten scharf an.
Dann wird das vorbereitete Gemüse mit angeschmort, mit der warmen Rinderbrühe abgelöscht und die Hot - Chili - Sauce eingerührt.
Das Rezept für meine leckere selbstgemachte Hot - Chili - Sauce finden Sie auf Seite 177.
Danach werden der Cayennepfeffer und das Chilipulver zugegeben, der Dutch Oven mit dem Deckel verschlossen und die restlichen 12 Grillbriketts unregelmäßig darauf verteilt.
Die anschließende Garzeit beträgt ca. 2,5 Stunden.
Während der Garzeit sollte der Deckel mit den Briketts alle 30 Minuten um 90 Grad gedreht werden. Dadurch wird ein punktuelles Anbrennen der Beef Ribs verhindert.
Vor dem Servieren ist die Soße mit etwas in kaltem Wasser verrührter Speisestärke anzudicken.
Grillbriketts, deren Heizleistung während der Garzeit stark nachlassen, sind durch frisch durchgeglühte Briketts zu ersetzen.

GEPÖKELTE RINDERBRUST

Zutaten für 6 - 8 Personen:

- **2,5 kg Rinderbrust ohne Knochen**

Zutaten für die Gewürzlake:

- 5,0 L Wasser
- 400 g Nitritpökelsalz
- 35 g Zucker
- 5,0 g weißer Pfeffer
- 2,0 g Muskat, gemahlen
- 1 Knoblauchzehe

Sonstige Zutaten:

- 800 ml warme Rinderbrühe
- 200 ml Apfelsaft
- 2 mittelgroße Zwiebeln
- 2 Möhren
- 10 Pimentkörner
- 2 Lorbeerblätter
- 2 Gewürznelken
- schwarzer Pfeffer
- Salz

Herstellung

Die Zutaten der Gewürzlake in einem entsprechend großen Gefäß gut miteinander verrühren, die Rinderbrust hinein legen und 5 Tage im Kühlschrank pökeln lassen. Anschließend wird das Fleisch abgespült und gründlich mit Küchenpapier trocken getupft.
Am Zubereitungstag lässt man 24 Grillbriketts durchglühen, packt die Hälfte kreisförmig unter einen 12"- Dutch Oven und gießt die warme Rinderbrühe und den Apfelsaft hinein.
Dann werden die geschälten und in dickere Scheiben geschnittenen Zwiebeln und Möhren zugegeben, die Gewürze zugefügt und die Rinderbrust hinein gelegt. Danach verschließt man den Dutch Oven mit dem Deckel und verteilt darauf unregelmäßig die restlichen 12 Briketts.
Die anschließende Garzeit beträgt ca. 3 Stunden.
Während der Garzeit muss der Deckel mit den Briketts alle 30 Minuten um 90 Grad gedreht werden, um ein punktuelles Anbrennen der Rinderbrust zu verhindern. Vor dem Servieren ist die Soße durch ein Sieb zu gießen, pikant mit Salz und Pfeffer abzuschmecken und mit etwas in kaltem Wasser verrührter Speisestärke anzudicken.
Besonders lecker schmeckt gepökelte Rinderbrust in Verbindung mit Kartoffeln und Meerrettichsoße oder als Belag für ein Reuben Sandwich. Das Rezept hierfür finden Sie auf der nächsten Seite.

REUBEN SANDWICH

Zutaten für 4 Personen:

- **800 g gepökelte Rinderbrust**
- **600 g Sauerkraut**
- **12 Scheiben Emmentaler Käse**
- **8 Scheiben Roggenbrot**
- **1 Flasche Thousand - Island - Dressing**

Herstellung

Vier Scheiben Roggenbrot von einer Seite dick mit dem Thousand - Island - Dressing bestreichen und die zuvor in dünne Scheiben geschnittene und in vier Portionen geteilte Rinderbrust darauf legen.
Auf der Rinderbrust werden jeweils 150g Sauerkraut verteilt und darauf drei Scheiben Emmentaler Käse.
Zum Abschluss bestreicht man die restlichen vier Roggenbrotscheiben ebenfalls von einer Seite mit dem Thousand - Island - Dressing und deckt die Reuben Sandwichs von oben damit ab.
Danach werden sie von beiden Seiten jeweils 2 Minuten gegrillt.

AMERICAN BRISKET

Zutaten für 6 - 8 Personen:

- **3,0 kg Rinderbrust ohne Knochen**

Zutaten für die Marinade:

- 2 TL flüssiger Bienenhonig
- 2 TL Pfirsich - Senf
- 1 TL Cayennepfeffer
- 1 TL Paprika, edelsüß
- 1 Messerspitze Koriander
- ½ TL Salz

Sonstige Zutaten:

- 400 ml warmer Kalbsfond
- 200 ml Hot - Chili - Sauce
- 2 mittelgroße Zwiebeln
- 4 EL Sonnenblumenöl
- 4 TL Worcestersauce
- 1 TL Cayennepfeffer
- 1 TL Rauchsalz

Herstellung

Die Zutaten der Marinade gut miteinander vermischen, die Rinderbrust damit einreiben und 24 Stunden abgedeckt in den Kühlschrank stellen.
Am Zubereitungstag lässt man 24 Grillbriketts durchglühen, packt 8 Stück kreisförmig unter einen 12"- Dutch Oven, gibt 4 Esslöffel Sonnenblumenöl hinein und brät die Rinderbrust von beiden Seiten scharf an.
Dann wird sie aus dem Topf genommen und die geschälten und in Scheiben geschnittenen Zwiebeln goldbraun darin angeschmort.
Danach packt man die Rinderbrust zurück in den Dutch Oven, legt die Zwiebelscheiben darauf, gießt den Kalbsfond, die Hot - Chili - Sauce sowie die Worcestersauce dazu und rührt den Cayennepfeffer und das Rauchsalz ein.
Anschließend wird der Topf mit dem Deckel verschlossen, die restlichen 16 Briketts unregelmäßig darauf verteilt und die Rinderbrust ca. 4 Stunden gegart.
Um dabei ein punktuelles Anbrennen des Briskets zu verhindern, muss der Deckel mit den Briketts alle 30 Minuten um 90 Grad gedreht werden.
Vor dem Servieren ist die Soße ggf. zu entfetten und mit etwas in kaltem Wasser verrührter Speisestärke anzudicken.
Wegen der sehr langen Garzeit sind die Grillbriketts mindestens einmal durch frisch durchgeglühte Briketts zu ersetzen.

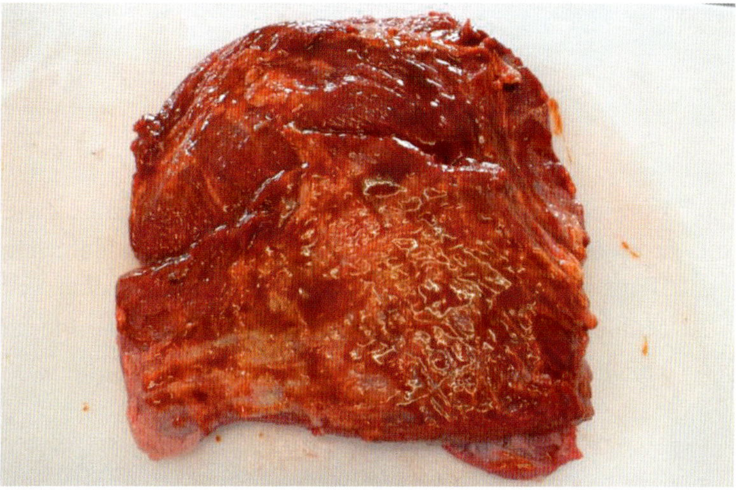

GEFÜLLTE KALBSBRUST

Zutaten für 6 - 8 Personen:

- **2,0 kg Kalbsbrust**
- **300 g gewürztes Hackfleisch**
- **200 g Kochschinkenwürfel**

▪ 400 ml	warmer Kalbsfond		▪ 1	mittelgroße Zwiebel
▪ 200 ml	trockener Weißwein		▪ 4 EL	Sonnenblumenöl
▪ 400 g	Blattspinat		▪	etwas Salbei, getrocknet
▪ 2	Möhren		▪	schwarzer Pfeffer
▪ 1	Lauchstange		▪	Salz

Herstellung

Vom Metzger in die Kalbsbrust eine Tasche schneiden lassen und die Brust von innen und außen mit Salz, Pfeffer und etwas Salbei würzen.
Den Blattspinat blanchieren, die Möhren sowie die Lauchstange grob zerkleinern und die Zwiebel vierteln.
Das Hackfleisch und die Kochschinkenwürfel gut miteinander vermengen, die Hälfte in die Kalbsbrusttasche füllen und platt drücken.
Auf die Masse werden dann die Spinatblätter gelegt und darauf das restliche Kochschinken - Hackfleisch. Danach verschließt man die Tasche mit Zahnstochern oder näht sie mit Küchengarn zu.
Zeitgleich lässt man 24 Grillbriketts durchglühen, packt die Hälfte kreisförmig unter einen 12“- Dutch Oven, gibt das Sonnenblumenöl hinein und brät die gefüllte Kalbsbrust von beiden Seiten scharf an.
Danach werden das vorbereitete Gemüse und der Weißwein zugegeben.
Wenn der Weißwein etwas eingekocht ist gießt man den warmen Kalbsfond dazu, verschließt den Dutch Oven mit dem Deckel und verteilt darauf unregelmäßig die restlichen 12 Briketts.
Die anschließende Garzeit beträgt ca. 2 - 2,5 Stunden.
Während der Garzeit sollte der Deckel mit den Briketts alle 30 Minuten um 90 Grad gedreht werden, um ein punktuelles Anbrennen der gefüllten Kalbsbrust zu verhindern. Vor dem Servieren ist die Soße durch ein Sieb zu gießen, pikant mit Salz und Pfeffer abzuschmecken und mit etwas in kaltem Wasser verrührter Speisestärke anzudicken.

KALBSBRATEN MEDITERRANER ART

Zutaten für 4 Personen:

- **1,5 kg Kalbsschulter**

▪ 500 ml	warmer Kalbsfond	▪ 2	mittelgroße Zwiebeln
▪ 6	frische Basilikumblätter	▪ 1	Dose geschälte Tomaten
▪ 6	frische Oreganoblätter	▪ 4 EL	Sonnenblumenöl
▪ 4	frische Salbeiblätter	▪ 1 EL	Paprika, edelsüß
▪ 1	rote Paprikaschoten	▪	weißer Pfeffer
▪ 1	grüne Paprikaschote	▪	Salz

Herstellung

Die Kalbsschulter mit weißem Pfeffer und Salz würzen.
Die zuvor vom Gehäuse befreiten Paprikaschoten in Streifen und die geschälten Zwiebeln in Scheiben schneiden.
Zeitgleich lässt man 24 Grillbriketts durchglühen, packt die Hälfte kreisförmig unter einen 12"- Dutch Oven, gibt 4 Esslöffel Sonnenblumenöl hinein und brät die Kalbsschulter von beiden Seiten scharf an.
Dann wird das vorbereitete Gemüse einige Minuten mit angeschmort, mit dem warmen Kalbsfond abgelöscht und die geschälten Tomaten zugegeben.
Wenn alles gut erhitzt ist rührt man das Paprikapulver ein, fügt die Basilikum-, Oregano- und Salbeiblätter zu, verschließt den Dutch Oven mit dem Deckel und verteilt die restlichen 12 Grillbriketts unregelmäßig darauf.
Die anschließende Garzeit beträgt ca. 2 Stunden.
Während der Garzeit muss der Deckel mit den Briketts alle 30 Minuten um 90 Grad gedreht werden. Dadurch wird ein punktuelles Anbrennen des Mediterranen Kalbbratens verhindert.
Vor dem Servieren ist die Soße ggf. zu entfetten, pikant mit Salz und Pfeffer abzuschmecken und mit etwas in kaltem Wasser verrührter Speisestärke anzudicken.
Grillbriketts, deren Heizleistung während der Garzeit stark nachlassen, sind durch frisch durchgeglühte Briketts zu ersetzen.

KALBSHAXE MIT PFIFFERLINGEN

Zutaten für 4 Personen:

- **1 Kalbshaxe (ca. 2,0 kg)**

Zutaten:

- 400 ml warmer Kalbsfond
- 400 ml trockener Weißwein
- 100 g Selleriewürfel
- 100 g Möhrenwürfel
- 2 rote Zwiebeln, gewürfelt
- 1 Rosmarinzweig
- 1 Thymianzweig
- 2 EL Butterschmalz
- 1 EL Tomatenmark
- 1 EL Mehl
- schwarzer Pfeffer
- Salz

Zutaten für die Pfifferlinge :

- 400 g geputzte Pfifferlinge
- 3 Schalotten
- 1 EL Butterschmalz
- Salz

Herstellung

Die Kalbshaxe mit Salz sowie Pfeffer würzen und mit dem Mehl bestäuben. Zeitgleich lässt man 24 Grillbriketts durchglühen, packt die Hälfte kreisförmig unter einen 12"- Dutch Oven, gibt 2 Esslöffel Butterschmalz hinein und brät die Haxe rundherum scharf an.
Dann wird sie aus dem Topf genommen, das vorbereitete Gemüse darin angeschmort und mit dem Weißwein abgelöscht. Danach rührt man das Tomatenmark ein, packt die Kalbshaxe zurück in den Dutch Oven, gießt den warmen Kalbsfond auf und gibt den Rosmarin- und Thymianzweig dazu.
Anschließend wird der Topf mit dem Deckel verschlossen, die restlichen 12 Briketts unregelmäßig darauf verteilt und die Kalbshaxe ca. 3 Stunden gegart. Um dabei ein punktuelles Anbrennen der Haxe zu verhindern, muss der Deckel mit den Briketts alle 30 Minuten um 90 Grad gedreht werden.
Wenn die Haxe gar ist, nimmt man den Dutch Oven von der Feuerstelle, stellt den Deckel umgedreht als Pfanne auf die Briketts und brät die Pfifferlinge in 1 EL Butterschmalz ca. 15 Minuten lang. Danach werden sie leicht gesalzen und als Beilage zur Kalbshaxe verzehrt.
Vor dem Servieren ist die Kalbshaxensoße durch ein Sieb zu gießen, ggf. zu entfetten, pikant mit Salz und Pfeffer abzuschmecken und mit etwas in kaltem Wasser verrührter Speisestärke anzudicken.

KALBS - OSSOBUCO

Zutaten für 4 Personen:

- **8 Scheiben Kalbshaxe**

▪ 300 ml	Hot - Chili - Sauce	▪ 4	EL	Tomatenmark
▪ 3	Bund Lauchzwiebeln	▪ 4	EL	Sonnenblumenöl
▪ 2	Zucchini	▪ ½	TL	Cayennepfeffer
▪ 2	Rosmarinzweige	▪		Oregano, getrocknet
▪ 1	Dose geschälte Tomaten	▪		weißer Pfeffer
▪ 1	rote Paprikaschote	▪		Salz
▪ 1	Aubergine			

Herstellung

Die Kalbshaxenscheiben abspülen, mit Küchenpapier trocken tupfen und mit Salz, weißem Pfeffer sowie etwas Oregano würzen.
Die beiden Zucchini sowie die Aubergine halbieren und zusammen mit den Lauchzwiebeln in Scheiben und die zuvor vom Gehäuse befreite Paprikaschote in Streifen schneiden.
Zeitgleich lässt man 24 Grillbriketts durchglühen, packt die Hälfte kreisförmig unter einen 12“- Dutch Oven, gibt 4 Esslöffel Sonnenblumenöl hinein und brät die Kalbshaxenscheiben von beiden Seiten scharf an.
Dann werden sie aus dem Topf genommen, das vorbereitete Gemüse einige Minuten mit angeschmort und das Tomatenmark eingerührt.
Danach packt man das Fleisch wieder in den Dutch Oven und gibt die geschälten Tomaten, die Hot - Chili - Sauce sowie den Cayennepfeffer dazu.
Das Rezept für meine leckere selbstgemachte Hot - Chili - Sauce finden Sie auf Seite 177.
Anschließend wird der Topf mit dem Deckel verschlossen, die restlichen 12 Briketts unregelmäßig darauf verteilt und die Haxenscheiben ca. 1,5 Stunden geschmort.
Um dabei ein punktuelles Anbrennen des Fleischs zu verhindern, muss der Deckel mit den Briketts alle 30 Minuten um 90 Grad gedreht werden.
Vor dem Servieren ist die Soße pikant mit Salz und Pfeffer abzuschmecken und mit etwas in kaltem Wasser verrührter Speisestärke anzudicken.
Grillbriketts, deren Heizleistung während der Garzeit stark nachlassen, sind durch frisch durchgeglühte Briketts zu ersetzen.

KALBSTAFELSPITZ (COLAFLEISCH)

Zutaten für 4 Personen:

- **1,5 kg Kalbstafelspitz**
- **Fleischgewürzzubereitung „Texaner Art“ von Alba**

- 500 ml Coca Cola
- 350 ml BBQ - Sauce
- 2 EL Schweineschmalz
- 1 Glas Sauerkirschen
- 1 EL gekörnte Brühe
- 2 TL Zwiebelpulver
- schwarzer Pfeffer, grob
- Meersalz

Herstellung

Den Kalbstafelspitz mit der Fleischgewürzzubereitung „Texaner Art“, Meersalz und etwas grob geschrotetem schwarzen Pfeffer würzen.
Zeitgleich lässt man 22 Grillbriketts durchglühen, packt die Hälfte kreisförmig unter einen 12“- Dutch Oven, gibt das Schweineschmalz hinein und brät den Tafelspitz von beiden Seiten scharf an.
Danach werden die Coca Cola, die Sauerkirschen inklusive Saft und die BBQ - Sauce zugegeben.
Das Rezept für meine leckere selbstgemachte BBQ - Sauce finden Sie auf Seite 176.
Wenn alles etwas Temperatur angenommen hat rührt man die gekörnte Brühe und das Zwiebelpulver ein, verschließt den Dutch Oven mit dem Deckel und verteilt darauf unregelmäßig die restlichen 11 Briketts.
Die anschließende Garzeit beträgt ca. 1,5 Stunden.
Während der Garzeit sollte der Deckel mit den Briketts alle 30 Minuten um 90 Grad gedreht werden, um ein punktuelles Anbrennen des Kalbstafelspitzes zu vermeiden.
Vor dem Servieren ist die Soße ggf. zu entfetten und, je nach Geschmack, nochmals pikant mit Meersalz und Pfeffer abzuschmecken.
Bei Bedarf kann sie mit etwas in kaltem Wasser verrührter Speisestärke angedickt werden.
Grillbriketts, deren Heizleistung während der Garzeit stark nachlassen, sind durch frisch durchgeglühte Briketts zu ersetzen.

LAMMKEULE IM BACONMANTEL

Zutaten für 4 Personen:

- **1 Lammkeule ohne Knochen (ca. 1,5 kg)**
- **200 g Bacon in Scheiben**

▪ 300	ml	warme Gemüsebrühe	▪ 4		Rosmarinzweige
▪ 200	ml	trockener Weißwein	▪ 4	EL	Sonnenblumenöl
▪ 300	g	geschälte Tomaten	▪ 1	EL	Tomatenmark
▪ 3		mittelgroße Zwiebeln	▪ 1	EL	Oregano, getrocknet
▪ 3		Knoblauchzehen	▪		schwarzer Pfeffer
▪ 2		Selleriestangen	▪		Salz
▪ 2		Möhren			

Herstellung

Die Lammkeule rundherum mit Salz und Pfeffer würzen.
Danach die Baconscheiben längs darum wickeln, mit Küchengarn fixieren und die vier Rosmarinzweige mit etwas Abstand zueinander unter das Garn stecken.
Die geschälten Zwiebeln in größere Würfel, die Selleriestangen und Möhren in dickere Scheiben schneiden und die Knoblauchzehen hacken.
Zeitgleich lässt man 24 Grillbriketts durchglühen, packt die Hälfte kreisförmig unter einen 12“- Dutch Oven, gibt 4 Esslöffel Sonnenblumenöl hinein und brät die Lammkeule rundherum scharf an. Danach wird sie aus dem Topf genommen, das vorbereitete Gemüse hineingegeben und kurz angeschmort.
Anschließend packt man die Keule auf das Gemüse und gibt die warme Gemüsebrühe, den Weißwein sowie die Tomaten dazu.
Wenn alles etwas erhitzt ist wird das Tomatenmark und der Oregano eingerührt, der Dutch Oven mit dem Deckel verschlossen und die restlichen 12 Briketts unregelmäßig darauf verteilt.
Die anschließende Garzeit beträgt ca. 2,5 Stunden.
Während der Garzeit muss der Deckel mit den Briketts alle 30 Minuten um 90 Grad gedreht werden. Dadurch wird ein punktuelles Anbrennen der Lammkeule verhindert. Vor dem Servieren ist die Soße durch ein Sieb zu gießen, ggf. zu entfetten, pikant mit Salz und Pfeffer abzuschmecken und mit etwas in kaltem Wasser verrührter Speisestärke anzudicken.
Grillbriketts, deren Heizleistung während der Garzeit stark nachlassen, sind durch frisch durchgeglühte Briketts zu ersetzen.

LAMMHAXE MYKONOS

Zutaten für 4 Personen:

- **4 Lammhinterhaxen**

▪ 800	ml	warmer Lammfond	▪ 4	cl	Metaxa - Weinbrand
▪ 200	ml	trockener Weißwein	▪ 4	EL	Sonnenblumenöl
▪ 3		Knoblauchzehen	▪ ¼	TL	Cayennepfeffer
▪ 3		mittelgroße Zwiebeln	▪ ¼	TL	Zimt
▪ 2		rote Paprikaschoten	▪		weißer Pfeffer
▪ 1	TL	Thymian - Honig	▪		Salz

Herstellung

Die Lammhinterhaxen rundherum mit Salz und weißem Pfeffer würzen.
Den Knoblauch hacken, die geschälten Zwiebeln in Scheiben und die zuvor vom Gehäuse befreiten Paprikaschoten in Streifen schneiden.
Zeitgleich lässt man 24 Grillbriketts durchglühen, packt die Hälfte kreisförmig unter einen 12"- Dutch Oven, gibt 4 Esslöffel Sonnenblumenöl hinein und brät die Lammhinterhaxen rundherum scharf an.
Danach werden sie aus dem Topf genommen, das vorbereitete Gemüse kurz darin angeschmort und danach mit dem Weißwein abgelöscht.
Wenn der Weißwein etwas eingeköchelt ist gießt man den warmen Lammfond dazu und rührt den Cayennepfeffer sowie den Zimt hinein.
Dann packt man die Lammhinterhaxen wieder in den Dutch Oven, verschließt ihn mit dem Deckel und verteilt darauf unregelmäßig die restlichen 12 Briketts.
Die anschließende Garzeit beträgt ca. 2 Stunden.
Während dieser Zeit muss der Deckel mit den Briketts alle 30 Minuten um 90 Grad gedreht werden, um ein punktuelles Anbrennen der Lammhaxen Mykonos zu verhindern.
Wenn die Haxen gar sind, wird die Soße durch ein Sieb gegossen und der Metaxa - Weinbrand und Thymian - Honig eingerührt.
Danach schmeckt man alles pikant mit Salz und weißem Pfeffer ab und dickt die Soße, je nach Geschmack, mit etwas in kaltem Wasser verrührter Speisestärke an.
Grillbriketts, deren Heizleistung während der Garzeit stark nachlassen, sind durch frisch durchgeglühte Briketts zu ersetzen.

LAMMSCHULTER IN FEURIGER QUITTENSOSSE

Zutaten für 6 Personen:

- **2,5 kg Lammschulter ohne Knochen**

▪ 1,2	L	warmer Lammfond	▪ 4	EL	Sonnenblumenöl
▪ 3		mittelgroße Zwiebeln	▪ 1	EL	Quittengelee
▪ 2		Knoblauchzehen	▪		Knoblauchpulver
▪ 1		gelbe Peperoni	▪		weißer Pfeffer
▪ 1		rote Peperoni	▪		Salz

Herstellung

Die Lammschulter mit Knoblauchpulver, weißem Pfeffer und Salz würzen.
Die geschälten Zwiebeln in Scheiben, die entkernten Peperoni in Stücke schneiden und die Knoblauchzehen hacken.
Zeitgleich lässt man 24 Grillbriketts durchglühen, packt die Hälfte kreisförmig unter einen 12"- Dutch Oven, gibt 4 Esslöffel Sonnenblumenöl hinein und brät die Lammschulter rundherum scharf an.
Danach werden die Zwiebeln, Peperoni (ohne Kerne) und Knoblauchzehen kurz mit angeschmort und der warme Lammfond zugegossen.
Anschließend verschließt man den Dutch Oven mit dem Deckel, verteilt darauf unregelmäßig die restlichen 12 Grillbriketts und lässt die Schulter ca. 2 Stunden garen.
Während dieser Zeit muss der Deckel mit den Briketts alle 30 Minuten um 90 Grad gedreht werden, um ein punktuelles Anbrennen des Bratens zu verhindern.
Wenn die Lammschulter gar ist, wird die Soße durch ein Sieb gegossen und das Quittengelee eingerührt.
Danach schmeckt man alles pikant mit Salz und weißem Pfeffer ab und dickt die Soße, je nach Geschmack, mit etwas in kaltem Wasser verrührter Speisestärke an.
Grillbriketts, deren Heizleistung während der Garzeit stark nachlassen, sind durch frisch durchgeglühte Briketts zu ersetzen.

HAMMELKEULE NACH BIERBRAUER - ART

Zutaten für 6 Personen:

- **3,0 kg Hammelkeule ohne Knochen**

Zutaten für die Gewürzmischung:

- 1 TL Salz
- 1 TL weißer Pfeffer
- 1 TL Knoblauchpulver
- ½ TL Ingwerpulver

Sonstige Zutaten:

- 600 ml Schwarzbier
- 50 g Kapern
- 3 mittelgroße Zwiebeln
- 2 geschälte Tomaten
- 1 Stück Ingwer (daumendick)
- 2 EL Butterschmalz
- 1 TL Zucker
- ½ TL Macis
- ½ TL Essig
- Salz

Herstellung

Die Zutaten für die Gewürzmischung gut miteinander vermischen.
Dann die Hammelkeule kräftig damit einreiben und zum durchziehen 6 Stunden in den Kühlschrank stellen..
Am Zubereitungstag lässt man 24 Grillbriketts durchglühen, packt die Hälfte kreisförmig unter einen 12“- Dutch Oven, gibt 2 Esslöffel Butterschmalz hinein und brät die Hammelkeule rundherum scharf an.
Danach werden die zuvor geschälten und in Scheiben geschnittenen Zwiebeln sowie die klein gewürfelten Tomaten kurz mit angeschmort und das handwarme Schwarzbier zugegossen.
Wenn das Bier etwas Temperatur angenommen hat gibt man den gehackten Ingwer dazu, verschließt den Dutch Oven mit dem Deckel und verteilt darauf unregelmäßig die restlichen 12 Grillbriketts.
Die anschließende Garzeit beträgt ca. 3 Stunden, wobei nach 2,5 Stunden die Kapern, der Zucker, das Macis und der Essig zugefügt werden.
Während der Garzeit muss der Deckel mit den Briketts alle 30 Minuten um 90 Grad gedreht werden, um ein punktuelles Anbrennen der Hammelkeule zu verhindern.
Vor dem Servieren ist die Soße ggf. zu entfetten, mit Salz abzuschmecken und mit etwas in kaltem Wasser verrührter Speisestärke anzudicken.
Grillbriketts, deren Heizleistung während der Garzeit stark nachlassen, sind durch frisch durchgeglühte Briketts zu ersetzen.

ZIEGENLAMMSCHULTER MIT GRÜNEN BOHNEN

Zutaten für 6 Personen:

- **4 Ziegenlammschultern (ca. 2,0 kg)**

▪ 750	g	frische Prinzessbohnen	▪ 4	EL	Sonnenblumenöl
▪ 500	ml	warme Gemüsebrühe	▪		Olivenöl
▪ 3		Stängel Bohnenkraut	▪		Knoblauchpulver
▪ 1	TL	Koriandersamen	▪		schwarzer Pfeffer
▪ 1	TL	Kreuzkümmel	▪		Salz

Herstellung

Die Ziegenlammschultern abspülen und mit Küchenpapier trocken tupfen.
Dann werden sie rundherum mit Olivenöl eingerieben und mit Knoblauchpulver, Pfeffer sowie Salz gewürzt.
Zeitgleich lässt man 24 Grillbriketts durchglühen, packt die Hälfte kreisförmig unter einen 12“- Dutch Oven, gibt 4 Esslöffel Sonnenblumenöl hinein und brät die Ziegenlammschultern rundherum an.
Danach wird die warme Gemüsebrühe zugegossen und die Koriandersamen sowie der Kreuzkümmel zugegeben.
Anschließend verschließt man den Dutch Oven mit dem Deckel, verteilt darauf unregelmäßig die restlichen 12 Grillbriketts und lässt die Schultern ca. 2 Stunden garen.
Während dieser Zeit muss der Deckel mit den Briketts alle 30 Minuten um 90 Grad gedreht werden. Dadurch wird ein punktuelles Anbrennen der Schultern verhindert.
Nach ca. 1,5 Stunden Garzeit werden die zuvor geputzten und in mundgerechte Stücke geschnittenen Prinzessbohnen vorbereitet.
Hierfür richtet man mit 8 kreisförmig angeordneten Grillbriketts eine zweite Feuerstelle ein, packt die Bohnen in einen 10“- Dutch Oven und füllt soviel warmes Wasser auf, bis sie bedeckt sind.
Dann gibt man etwas Salz und das Bohnenkraut dazu, verschließt den Topf mit dem Deckel, stellt ihn auf die Briketts und lässt die Bohnen 15 Minuten kochen.
Danach wird das Wasser abgegossen, die Bohnen zu den Ziegenlammschultern gegeben und alles pikant mit Salz und weißem Pfeffer abgeschmeckt.
Grillbriketts, deren Heizleistung während der Garzeit stark nachlassen, sind durch frisch durchgeglühte Briketts zu ersetzen.

HASENPFEFFER

Zutaten für 4 Personen:

▪ 1 ganzer Hase, küchenfertig zerteilt (ca. 2,0 kg)
▪ 80 g Bauchspeckwürfel

- 600 ml warme Rinderbrühe
- 300 ml Kadarka - Wein
- 2 cl Grappa
- 2 Möhren
- 2 rote Zwiebeln
- ½ Sellerieknollee
- ½ Lauchstange
- 4 EL Sonnenblumenöl
- 1 EL Tomatenmark
- 8 Pfefferkörner
- 5 Wacholderbeeren
- 1 Thymianzweig
- weißer Pfeffer
- Salz

Herstellung

Die Hasenteile mit Salz und weißem Pfeffer würzen.
Die geschälten roten Zwiebeln, die Möhren, den Sellerie und die Lauchstange in Scheiben schneiden.
Zeitgleich lässt man 24 Grillbriketts durchglühen, packt die Hälfte kreisförmig unter einen 12“- Dutch Oven, gibt 4 Esslöffel Sonnenblumenöl hinein und brät die Hasenteile zusammen mit den Bauchspeckwürfeln an.
Dann wird das vorbereitete Gemüse zugegeben, kurz mit angeschmort und mit dem Kadarka - Wein abgelöscht.
Wenn der Wein etwas eingekocht ist gießt man die warme Rinderbrühe auf, rührt das Tomatenmark hinein und fügt die Pfefferkörner, die Wacholderbeeren sowie den Thymianzweig zu.
Danach wird der Dutch Oven mit dem Deckel verschlossen und die restlichen 12 Grillbriketts unregelmäßig darauf verteilt.
Die anschließende Garzeit beträgt ca. 2 Stunden.
Während dieser Zeit muss der Deckel mit den Briketts alle 30 Minuten um 90 Grad gedreht werden, um ein punktuelles Anbrennen der Hasenteile zu verhindern.
Wenn das Fleisch gar ist wird die Soße durch ein Sieb gegossen und der Grappa eingerührt. Danach schmeckt man alles pikant mit Salz und weißem Pfeffer ab und dickt die Soße mit etwas in kaltem Wasser verrührter Speisestärke an.
Grillbriketts, deren Heizleistung während der Garzeit stark nachlassen, sind durch frisch durchgeglühte Briketts zu ersetzen.

HASENKEULEN MIT KNÖDELN

Zutaten für 4 Personen:

- **4 Hasenkeulen**
- **200 g Bauchspeckwürfel**

- 1,0 L Buttermilch
- 500 ml warmer Wildfond
- 500 g Steinpilze
- 2 Möhren
- 1 mittelgroße Zwiebel
- 2 EL Butterschmalz
- 1 TL Wildgewürz
- 8 Wacholderbeeren
- 3 Lorbeerblätter

Zutaten für die Knödel:

- 200 g Mehl
- 100 g Butter
- 3 EL Wasser
- 2 Prisen Salz
- 1 Prise schwarzer Pfeffer
- 1 Prise Muskat, gerieben

Herstellung

Die Hasenkeulen 24 Stunden in der Buttermilch einlegen, dann mit Küchenpapier trocken tupfen und mit Wildgewürz bestreuen.
Zeitgleich lässt man 24 Grillbriketts durchglühen, packt die Hälfte kreisförmig unter einen 12“- Dutch Oven, gibt 2 Esslöffel Butterschmalz hinein und brät die Hasenkeulen zusammen mit den Bauchspeckwürfeln an.
Dann werden die geschälte und geviertelte Zwiebel sowie die klein gewürfelten Möhren zugegeben, kurz mit angeschmort und der Wildfond aufgegossen.
Danach fügt man die Wacholderbeeren und Lorbeerblätter zu, verschließt den Dutch Oven mit dem Deckel und verteilt die restlichen 12 Grillbriketts unregelmäßig darauf.
Die anschließende Garzeit beträgt ca. 2 Stunden.
Während dieser Zeit wird die Knödelmasse zubereitet.
Hierfür schneidet man die weiche Butter in kleine Stücke, verknetet sie mit dem Mehl und den Gewürzen, gibt 3 EL Wasser dazu und knetet die Masse solange weiter, bis ein geschmeidiger Teig entstanden ist.
Aus dem Teig formt man dann 15 Knödel, die in den letzten 60 Minuten Garzeit zu den Hasenkeulen gegeben werden.
Ca. 20 Minuten bevor die Keulen gar sind, fügt man die geputzten und in kleine Stücke geschnittenen Steinpilze zu.
Vor dem Servieren wird das Gericht pikant mit Salz und Pfeffer abgeschmeckt.

WILDSCHWEINKEULE MIT PREISELBEEREN

Zutaten für 4 - 6 Personen:

- **2,0 kg Wildschweinkeule ohne Knochen**

▪ 400 ml	warmer Wildfond	▪ 4	EL	Preiselbeeren
▪ 300 ml	trockener Rotwein	▪ 2	EL	Butterschmalz
▪ 2	Äpfel	▪ ½	TL	Zimt
▪ 1	Bund Suppengemüse	▪ 4		Pimentkörner
▪ 1	mittelgroße Zwiebel	▪ 1		Gewürznelke
▪	Wildgewürz			

Herstellung

Die Wildschweinkeule rundherum mit dem Wildgewürz bestreuen.
Die geschälte Zwiebel, die vom Kerngehäuse befreiten Äpfel und das Suppengemüse in kleine Würfel schneiden.
Zeitgleich lässt man 24 Grillbriketts durchglühen, packt die Hälfte kreisförmig unter einen 12"- Dutch Oven, gibt 2 Esslöffel Butterschmalz hinein und brät die Wildschweinkeule rundherum an.
Danach wird sie aus dem Topf genommen, das vorbereitete Gemüse und die Apfelwürfel kurz darin angeschmort und danach mit dem Rotwein abgelöscht.
Wenn der Wein etwas eingeköchelt ist gießt man den warmen Wildfond dazu, lässt alles kurz aufkochen und rührt den Zimt, die Nelke sowie die Pimentkörner ein.
Dann packt man die Wildschweinkeule wieder in den Dutch Oven, verschließt ihn mit dem Deckel und verteilt darauf unregelmäßig die restlichen 12 Briketts.
Die anschließende Garzeit beträgt ca. 3 Stunden, wobei nach 2,5 Stunden die Preiselbeeren in die Soße gerührt werden.
Während der Garzeit muss der Deckel mit den Briketts alle 30 Minuten um 90 Grad gedreht werden, um ein punktuelles Anbrennen der Keule zu verhindern.
Vor dem Servieren ist die Soße ggf. zu entfetten und, je nach Geschmack, mit etwas in kaltem Wasser verrührter Speisestärke anzudicken.
Grillbriketts, deren Heizleistung während der Garzeit stark nachlassen, sind durch frisch durchgeglühte Briketts zu ersetzen.

WILDGEWÜRZ SELBSTGEMACHT

Zutaten für die Gewürzmischung:

- 20 Wacholderbeeren
- 4 Pimentkörner
- 3 Lorbeerblätter, zerpflückt
- 3 Gewürznelken
- ½ TL Bunte Pfefferkörner
- ½ TL Koriandersamen
- ½ TL Kümmel, ganz
- ½ TL Senfkörner
- ½ TL Thymian
- ¼ TL Kardamom

Herstellung

Alle Zutaten in eine Gewürzmühle geben und auf höchster Stufe fein mahlen. Danach wird das Wildgewürz in einen sauberen und verschließbaren Behälter gefüllt.
Die weitere Aufbewahrung sollte an einem dunklen Ort erfolgen.
Die angegebene Menge Wildgewürz ist ausreichend für die Zubereitung von ca. 3 Wildgerichten.

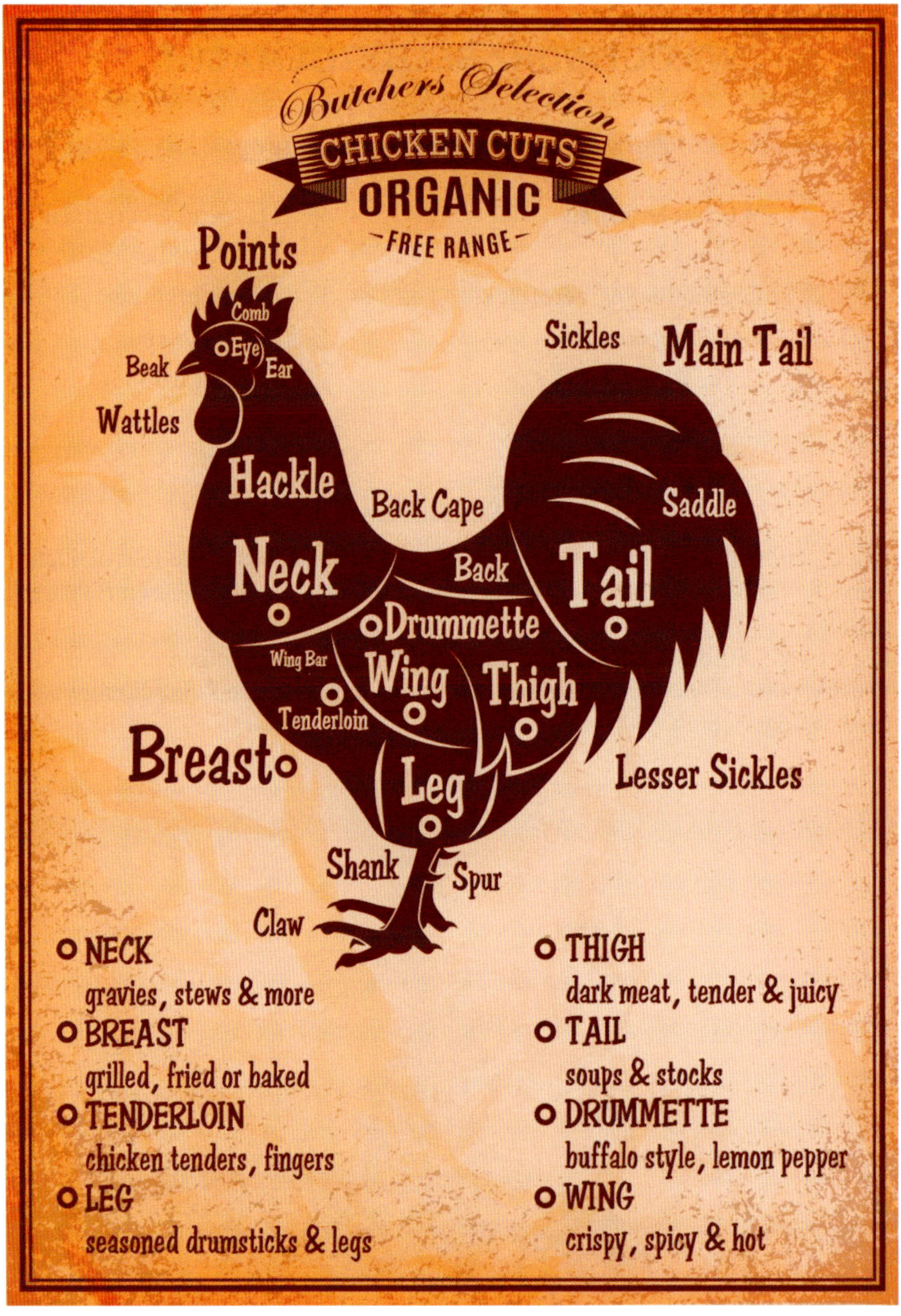
Butchers Selection
CHICKEN CUTS
ORGANIC
FREE RANGE
Points
Comb
Eye
Beak
Ear
Wattles
Sickles
Main Tail
Hackle
Back Cape
Saddle
Neck
Back
Tail
Drummette
Wing Bar
Wing
Thigh
Tenderloin
Breast
Leg
Lesser Sickles
Shank
Spur
Claw
NECK
gravies, stews & more
BREAST
grilled, fried or baked
TENDERLOIN
chicken tenders, fingers
LEG
seasoned drumsticks & legs
THIGH
dark meat, tender & juicy
TAIL
soups & stocks
DRUMMETTE
buffalo style, lemon pepper
WING
crispy, spicy & hot

MAISHÄHNCHEN IM GEMÜSEBETT

Zutaten für 4 Personen:

- **1 Maishähnchen (ca. 1,6 kg)**

- 400 g festkochende Kartoffeln
- 300 g frische Champignons
- 200 ml warme Gemüsebrühe
- 10 Cherrytomaten
- 4 Pastinaken
- 3 Rosmarinzweige
- 2 rote Paprikaschoten
- 2 Aprikosen
- 2 süße Äpfel
- 1 mittelgroße Zucchini
- Sonnenblumenöl
- Paprika, edelsüß
- schwarzer Pfeffer
- Salz

Herstellung

Die Kartoffeln und Pastinaken schälen und zusammen mit der Zucchini grob würfeln.
Die Champignons putzen und in Scheiben, die Paprikaschoten vom Gehäuse befreien und in Streifen schneiden.
Die Cherrytomaten halbieren und Aprikosen sowie Äpfel klein würfeln.
Das Maishähnchen mit Sonnenblumenöl einreiben, von innen und außen mit Paprikapulver, Salz und Pfeffer würzen und mit den Aprikosen- und Apfelwürfeln füllen.
Zeitgleich lässt man 18 Grillbriketts durchglühen, packt 8 Stück kreisförmig unter einen 12“- Dutch Oven und gibt das vorbereitete Gemüse hinein.
Dann wird die warme Gemüsebrühe aufgegossen, das Maishähnchen auf das Gemüsebett gelegt und die Rosmarinzweige darauf gepackt.
Danach wird der Dutch Oven mit dem Deckel verschlossen und die restlichen 10 Grillbriketts unregelmäßig darauf verteilt.
Die anschließende Garzeit beträgt ca. 45 - 60 Minuten.
In den letzten 10 Minuten der Garzeit ist durch das Auflegen von 5 zusätzlichen Briketts auf den Deckel die Oberhitze zu erhöhen, damit das Hähnchen schön knusprig wird.
Grillbriketts, deren Heizleistung während der Garzeit stark nachlassen, sind durch frisch durchgeglühte Briketts zu ersetzen.

Cola Chicken

Zutaten für 4 Personen:

- **1 Fleischhähnchen (ca. 1,6 kg)**

- 700 ml handwarme Cola
- 200 ml BBQ - Sauce
- 200 ml Sojasauce
- 2 grüne Chilischoten
- 2 Knoblauchzehen
- 2 Möhren
- 1 Stück Ingwer (daumendick)
- 1 rote Paprikaschote
- 1 rote Zwiebel
- 4 EL Sonnenblumenöl
- 1 TL Zitronensaft
- ½ TL Cayennepfeffer
- schwarzer Pfeffer
- Salz

Herstellung

Die vom Gehäuse befreite Paprikaschote sowie die geschälte Zwiebel und den Ingwer klein würfeln.
Die Möhren und Knoblauchzehen in dünne Scheiben schneiden.
Die grünen Chilischoten werden im Ganzen verwendet.
Das Fleischhähnchen von innen und außen mit Salz und Pfeffer würzen.
Zeitgleich lässt man 18 Grillbriketts durchglühen, packt 8 Stück kreisförmig unter einen 12“- Dutch Oven, gibt 4 Esslöffel Sonnenblumenöl hinein und brät das Hähnchen von beiden Seiten scharf an.
Dann werden das vorbereitete Gemüse sowie die beiden ganzen Chilischoten kurz mit angeschmort und die Cola, BBQ - und Sojasauce zugegossen.
Danach rührt man den Zitronensaft und Cayennepfeffer ein, verschließt den Dutch Oven mit dem Deckel und verteilt darauf unregelmäßig die restlichen 10 Briketts.
Die anschließende Garzeit beträgt ca. 45 - 60 Minuten.
Während der Garzeit muss der Deckel mit den Briketts zweimal um 90 Grad gedreht werden, um ein punktuelles Anbrennen des Cola Chickens zu verhindern.
Grillbriketts, deren Heizleistung während der Garzeit stark nachlassen, sind durch frisch durchgeglühte Briketts zu ersetzen.

HÄHNCHEN ESPAÑA

Zutaten für 4 Personen:

- **1 Hähnchen (ca. 1,4 kg)**

▪ 800	ml	warmer Geflügelfond	▪ 1		mittelgroße Zwiebel
▪ 6	cl	Sherry	▪ 4	EL	Sonnenblumenöl
▪ 2		rote Paprikaschoten	▪ 1	TL	Paprika, edelsüß
▪ 2		Knoblauchzehen	▪ 1	TL	Oregano, getrocknet
▪ 2		Möhren	▪ 1	TL	Salbei, getrocknet
▪ 1		Dose weiße Bohnen	▪		weißer Pfeffer
▪ 1		Sellerieknolle	▪		Salz
▪ 1		Lauchstange			

Herstellung

Die vom Gehäuse befreiten Paprikaschoten sowie den geschälten Sellerie klein würfeln und das restliche Gemüse in Scheiben schneiden.
Das Hähnchen von innen und außen mit Salz und weißem Pfeffer würzen.
Zeitgleich lässt man 18 Grillbriketts durchglühen, packt 8 Stück kreisförmig unter einen 12“- Dutch Oven, gibt 4 Esslöffel Sonnenblumenöl hinein und brät das Hähnchen von beiden Seiten scharf an.
Danach wird es aus dem Topf genommen, das vorbereitete Gemüse kurz darin angeschmort und mit dem Sherry abgelöscht.
Dann gießt man den warmen Geflügelfond auf, gibt die weißen Bohnen, das Paprikapulver, den Oregano und Salbei dazu und packt das Hähnchen wieder in den Dutch Oven.
Anschließend wird er mit dem Deckel. verschlossen, die restlichen 10 Briketts unregelmäßig darauf verteilt und das Hähnchen España ca. 45 - 60 Minuten gegart.
Während der Garzeit muss der Deckel mit den Briketts zweimal um 90 Grad gedreht werden, um ein punktuelles Anbrennen des Hähnchens zu verhindern.
Grillbriketts, deren Heizleistung während der Garzeit stark nachlassen, sind durch frisch durchgeglühte Briketts zu ersetzen.

CHICKEN DRUMSTICKS MIT SESAM

Zutaten für 4 Personen:

- 12 Hähnchen - Unterschenkel

Zutaten für die Marinade:

- 4 EL Akazienhonig
- 4 EL Sojasauce
- 3 EL Sherry
- 2 EL Pfirsichsenf
- 1 EL Sonnenblumenöl
- 1 TL Paprikapulver, edelsüß
- 1 TL Sambal Oelek

Sonstige Zutaten:

- 400 ml Hot - Chili - Sauce
- 4 EL Speiseöl
- Sesamkörner

Herstellung

Die Zutaten für die Marinade in einer Schüssel gut miteinander vermischen.
Dann die Hähnchen - Unterschenkel darin wälzen und über Nacht zum marinieren in den Kühlschrank stellen.
Am Zubereitungstag lässt man 14 Grillbriketts durchglühen, packt die Hälfte kreisförmig unter einen 12“- Dutch Oven und gibt 4 Esslöffel Sonnenblumenöl hinein.
Danach werden die Unterschenkel in Sesamkörnern gewälzt, von beiden Seiten angebraten und der Dutch Oven mit dem Deckel verschlossen.
Auf dem Deckel verteilt man unregelmäßig die restlichen 7 Grillbriketts und lässt die Drumsticks 20 Minuten garen.
Während dieser Zeit müssen sie zweimal mit der Marinade bestrichen werden.
Anschließend wird die Hot - Chili - Sauce zugegeben und die Drumsticks weitere 20 Minuten gegart.
Das Rezept für meine leckere selbstgemachte Hot - Chili - Sauce finden Sie auf Seite 177.

DRUMSTICKS MIT ROSMARINKARTOFFELN

Zutaten für 4 Personen:

- 12 Hähnchen - Unterschenkel

Zutaten für die Marinade:

▪ 2	EL	Paprika, edelsüß	▪ ½ TL	Cayennepfeffer
▪ 2	EL	Brauner Zucker	▪ ½ TL	Meersalz
▪ 2	EL	Akazienhonig	▪ ¼ TL	Knoblauchpulver

Sonstige Zutaten:

▪ 600 g	festkochende Kartoffeln	▪ 2	mittelgroße Zwiebel
▪ 300 ml	warmer Geflügelfond	▪ 1	grüne Chilischote
▪ 3	Rosmarinzweige	▪ ½ TL	Paprika, edelsüß
▪ 2	Knoblauchzehen	▪	schwarzer Pfeffer

Herstellung

Alle Zutaten für die Marinade gut miteinander vermischen und die Hähnchen - Unterschenkel kräftig darin wälzen.
Dann werden sie über Nacht zum marinieren in den Kühlschrank gestellt.
Am Zubereitungstag halbiert man die geschälten Kartoffeln, schneidet die entkernte Chilischote sowie die geschälten Zwiebeln in Ringe und die Knoblauchzehen in dünne Scheiben.
Zeitgleich lässt man 20 Grillbriketts durchglühen und packt 6 Stück kreisförmig unter einen 12“- Dutch Oven.
Dann packt man die Kartoffelhälften so hinein, dass sie den Boden bedecken, gießt den Geflügelfond auf und streut ein wenig schwarzen Pfeffer darüber.
Danach werden das vorbereitete Gemüse und das Paprikapulver zugegeben, die Rosmarinzweige darauf gelegt und darüber die Hähnchen - Unterschenkel verteilt.
Anschließend verschließt man den Dutch Oven mit dem Deckel, verteilt die restlichen 14 Briketts darauf und gart die Drumsticks mit Rosmarinkartoffeln ca. 40 Minuten.
Während der Garzeit muss der Deckel mit den Briketts zweimal um 90 Grad gedreht werden, um ein punktuelles Anbrennen der Drumsticks zu verhindern.
Grillbriketts, deren Heizleistung während der Garzeit stark nachlassen, sind durch frisch durchgeglühte Briketts zu ersetzen.

HÄHNCHENFLÜGEL MIT KNOBLAUCHSAUCE

Zutaten für 4 - 6 Personen:

- **2,0 kg Hähnchenflügel**

Zutaten für die Marinade:

- 300 ml Hot - Chili - Sauce
- 1 TL Sojasauce

Sonstige Zutaten:

- 200 ml warmer Geflügelfond
- 4 EL Sonnenblumenöl

Herstellung

Die Zutaten für die Marinade gut miteinander vermischen, die Flügel kräftig darin wälzen und über Nacht zum marinieren in den Kühlschrank stellen.
Am Zubereitungstag lässt man 14 Grillbriketts durchglühen, packt die Hälfte kreisförmig unter einen 12"- Dutch Oven und gibt 4 Esslöffel Sonnenblumenöl hinein.
Dann werden die Hähnchenflügel von beiden Seiten gut angebraten, der warme Geflügelfond zugegossen und der Dutch Oven mit dem Deckel verschlossen.
Auf dem Deckel verteilt man unregelmäßig die restlichen 7 Grillbriketts, lässt die Flügel ca. 25 - 30 Minuten garen und bestreicht sie während dieser Zeit einmal mit der Marinade.
Anschließend werden sie zusammen mit einer Knoblauchsauce verzehrt.
Das Rezept für meine leckere selbstgemachte Hot - Chili - Sauce finden Sie auf Seite 177 und das Rezept für meine Knoblauchsauce auf Seite 178.

GEFÜLLTES HÄHNCHENBRUSTFILET

Zutaten für 4 Personen:

- **4 Hähnchenbrustfilets**
- **8 Scheiben Cheddar - Käse**
- **4 Scheiben Kochschinken**

▪ 600	g	Kartoffeln mit Schale (Drillinge)	▪ 4 EL	Sonnenblumenöl
▪ 200	ml	warme Gemüsebrühe	▪	Paprika, edelsüß
▪ 200	ml	BBQ - Sauce	▪	schwarzer Pfeffer
▪ 1		Bund Frühlingszwiebeln	▪	Salz

Herstellung

Den Cheddar - Käse und Kochschinken in breitere Streifen und die Frühlingszwiebeln in 3cm große Stücke schneiden.
Die Drillinge unter warmen Wasser abbürsten, da sie später mit der Schale gegessen werden.
In die Hähnchenbrustfilets eine Tasche schneiden, die Cheddar- und Kochschinkenstreifen hinein füllen und die Filets von außen mit Salz, Paprikapulver sowie Pfeffer würzen.
Zeitgleich lässt man 18 Grillbriketts durchglühen, packt 8 Stück kreisförmig unter einen 12"- Dutch Oven, gibt 4 Esslöffel Sonnenblumenöl hinein und brät die Frühlingszwiebeln an.
Dann werden die Hähnchenbrustfilets darauf gelegt, die warme Gemüsebrühe zugegossen, die Drillinge am Topfrand verteilt und die BBQ - Sauce eingerührt.
Danach verschließt man den Dutch Oven mit dem Deckel, verteilt darauf unregelmäßig die restlichen 10 Briketts und lässt alles ca. 45 Minuten garen.
Während der Garzeit muss der Deckel mit den Briketts zweimal um 90 Grad gedreht werden, um ein punktuelles Anbrennen der Hähnchenbrustfilets zu verhindern.
Grillbriketts, deren Heizleistung während der Garzeit stark nachlassen, sind durch frisch durchgeglühte Briketts zu ersetzen.

In die Tasche der Hähnchenbrustfilets Schinken und Cheddar füllen.

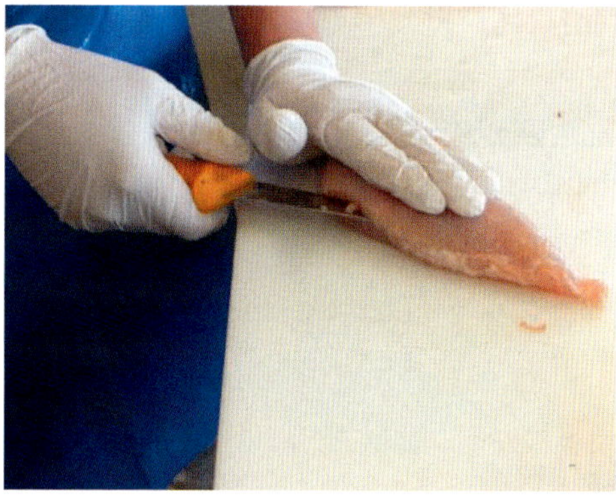

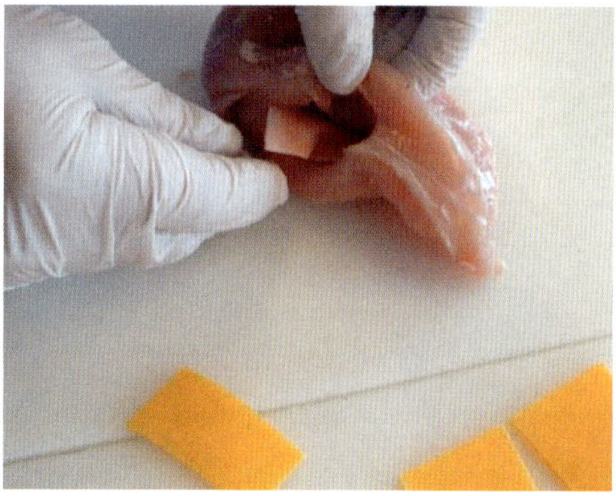

Dann würzen und mit den restlichen Zutaten in den Topf geben…

Nach ca. 45 Minuten Garzeit können sie serviert werden.

PULLED CHICKEN

Zutaten für 5 - 7 Personen:

- **2,0 kg Hähnchenbrustfilet**

Zutaten für die Marinade:

- 2 TL Akazienhonig
- 2 TL Pfirsichsenf
- 1 TL Paprika, edelsüß
- 1 TL Cayennepfeffer
- ½ TL Salz

Sonstige Zutaten:

- 300 ml BBQ - Sauce
- 2 EL Worcestersauce
- 2 Knoblauchzehen
- 2 milde Peperoni
- 1 Dose geschälte Tomaten
- 1 mittelgroße Zwiebel
- 1 EL Akazienhonig
- 2 TL Apfelessig
- 1 TL Paprika, rosenscharf
- 1 TL Salz
- ½ TL Chiliflocken

Herstellung

Alle Zutaten für die Marinade gut miteinander vermischen, das Hähnchenbrustfilet kräftig damit einreiben und über Nacht zum marinieren in den Kühlschrank stellen.
Am Zubereitungstag die geschälte Zwiebel, die Knoblauchzehen und die milden Peperoni in Scheiben schneiden.
Zeitgleich lässt man 24 Grillbriketts durchglühen und packt 8 Stück kreisförmig unter einen 12“- Dutch Oven.
Dann wird das Gemüse hineingegeben, die BBQ - Sauce aufgegossen und der Honig, Apfelessig, die Worcestersauce sowie die Gewürze eingerührt.
Danach packt man das Hähnchenbrustfilet in den Topf, gibt die geschälten Tomaten darüber, verschließt den Dutch Oven mit dem Deckel und verteilt darauf unregelmäßig die restlichen 16 Briketts.
Die anschließende Garzeit beträgt ca. 2,5 bis 3 Stunden.
Wenn sich das Geflügelfleisch mit zwei Gabeln sehr leicht „zerreißen“ lässt, hat es den für Pulled Chicken perfekten Garpunkt erreicht.
Dann wird es aus dem Dutch Oven genommen, komplett „zerrissen“ und mit der restlichen Flüssigkeit übergossen, die sich noch im Topf befindet.
Dadurch ist es dann schön saftig.

ENTENKEULEN MIT PFLAUMEN

Zutaten für 4 Personen:

- **4 Entenkeulen**

Zutaten für die Gewürzmischung:

- 1 TL Cayennepfeffer
- 1 TL Chilipulver
- ½ TL Sternanis
- ½ TL Zimt

Sonstige Zutaten:

- 500 ml trockener Rotwein
- 20 Pflaumen, entsteint
- 4 EL Rapsöl
- 1 EL Zucker

Herstellung

Alle Zutaten für die Gewürzmischung gut miteinander vermischen, die Entenkeulen damit einreiben und über Nacht in den Kühlschrank stellen.
Am Zubereitungstag lässt man 18 Grillbriketts durchglühen, packt 8 Briketts kreisförmig unter einen 12“- Dutch Oven, gibt 4 Esslöffel Rapsöl hinein und brät die Entenkeulen von beiden Seiten scharf an.
Danach wird der Rotwein zugegossen, der Zucker eingerührt, die Pflaumen zugegeben und der Dutch Oven mit dem Deckel verschlossen.
Auf dem Deckel verteilt man dann unregelmäßig die restlichen 10 Briketts und gart die Entenkeulen ca. 1,5 Stunden.

GEFÜLLTE PUTENBRUST MIT SPINAT

Zutaten für 4 - 5 Personen:

- **1,5 kg Putenbrust**
- **150 g Kochschinkenwürfel**

▪ 600	ml	warmer Geflügelfond	▪ 4	EL	Sonnenblumenöl
▪ 1,0	kg	Spargelspitzen	▪		Paprika, edelsüß
▪ 300	g	frischer Spinat	▪		schwarzer Pfeffer
▪ 3		Scheiben Emmentaler Käse	▪		Salz

Herstellung

Den Spinat grob zerteilen und mit den Kochschinkenwürfeln vermengen.
Die Putenbrust abspülen, mit Küchenpapier trocken tupfen, eine Tasche hinein schneiden und von innen mit Salz und Pfeffer würzen.
Dann den Emmentaler Käse in die Tasche füllen, darauf den Mix aus Spinat und Kochschinken verteilen und ein Rollbratennetz darüber ziehen.
Am einfachsten geht dies mit Hilfe eines Stücks ungebrauchter Regenrinne aus Kunststoff, über das man das Netz zieht und anschließend die gefüllte Putenbrust von oben nach unten hindurch gleiten lässt. (siehe Rezept „Frühlings - Nackenbraten".)
Danach wird der Braten von außen mit Salz, Pfeffer und Paprika bestreut.
Zeitgleich lässt man 18 Grillbriketts durchglühen, packt die Hälfte kreisförmig unter einen 12"- Dutch Oven, gibt 4 Esslöffel Sonnenblumenöl hinein und brät die gefüllte Putenbrust rundherum scharf an.
Dann wird der warme Geflügelfond zugegossen, der Dutch Oven mit dem Deckel verschlossen und die restlichen 9 Briketts unregelmäßig darauf verteilt.
Anschließend muss die Putenbrust ca. 1,5 Stunden garen, wobei nach einer guten Stunde Garzeit die Spargelspitzen zugegeben werden.
Vor dem Servieren wird das Rollbratennetz entfernt, der Braten in Scheiben geschnitten und die Soße pikant mit Salz und Pfeffer abgeschmeckt.
Grillbriketts, deren Heizleistung während der Garzeit stark nachlassen, sind durch frisch durchgeglühte Briketts zu ersetzen.

In die Tasche der Putenbrust Spinat und Kochschinken füllen…

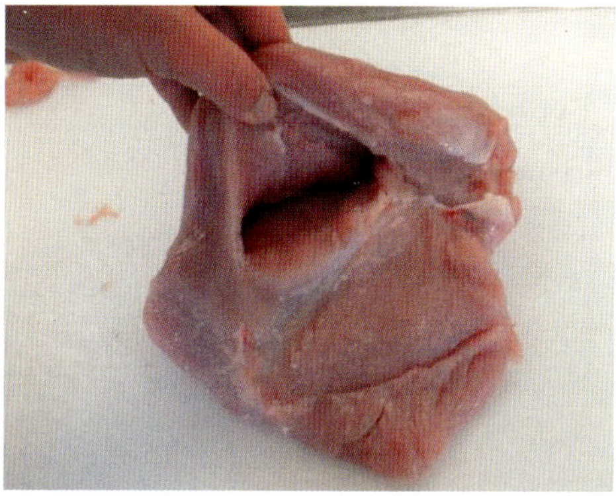

Zuvor den Käse hinein legen.

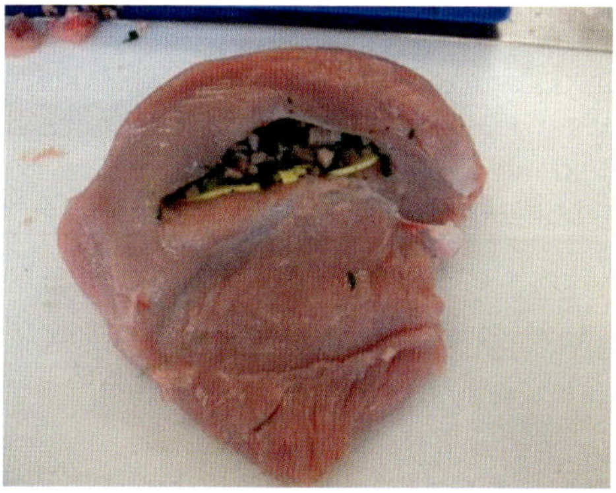

Dann ein Netz darüber ziehen…

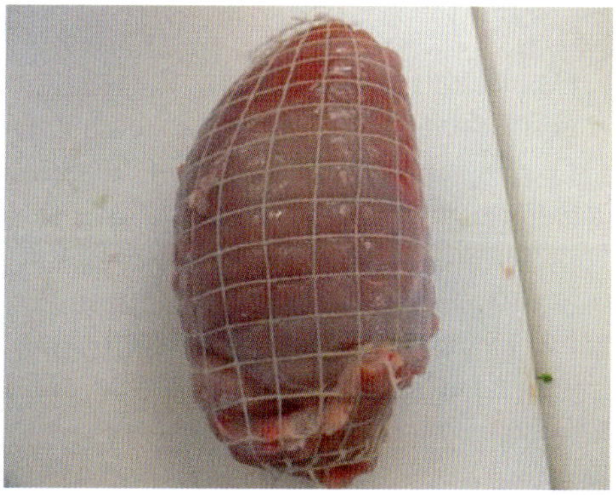

…und von außen würzen.

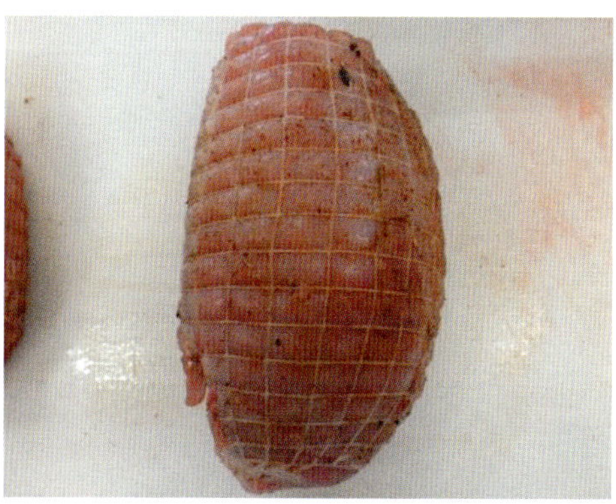

Der fertig gegarte Braten.

GEFÜLLTE PAPRIKASCHOTEN

Zutaten für 5 Personen:

- **800 g Hackfleisch vom Schwein**

- 800 ml warmer Gemüsefond
- 100 ml Saure Sahne
- 5 rote Paprikaschoten
- 1 mittelgroße Zwiebel
- 1 mittelgroßes Ei
- 3 EL Semmelmehl, ungehäuft
- 3 EL Sonnenblumenöl
- 2 EL Tomatenmark
- Paprika, edelsüß
- Prise Zucker
- schwarzer Pfeffer
- Salz

Herstellung

Das Hackfleisch mit Salz, Pfeffer und Paprika würzen und gut mit dem Ei, der geschälten und klein gewürfelten Zwiebel sowie dem Semmelmehl vermengen. Die Paprikaschoten waschen, aushöhlen und mit der Hackfleischmasse füllen. Zeitgleich lässt man 16 Grillbriketts durchglühen, packt die Hälfte kreisförmig unter einen 12"- Dutch Oven, gibt 3 Esslöffel Sonnenblumenöl hinein und brät die Paprikaschoten mit der Öffnung nach unten scharf an.
Danach wird der warme Gemüsefond zugegossen, der Dutch Oven mit dem Deckel verschlossen und die restlichen 8 Briketts unregelmäßig darauf verteilt. Die anschließende Garzeit beträgt ca. 30 - 40 Minuten.
Wenn die Paprikaschoten gar sind rührt man die Saure Sahne sowie das Tomatenmark in die Soße und schmeckt sie pikant mit Salz, Pfeffer und einer Prise Zucker ab. Bei Bedarf kann man sie dann noch mit etwas in kaltem Wasser verrührter Speisestärke andicken.

CHILI CON CARNE

Zutaten für 6 - 8 Personen:

- **2,0 kg Hackfleisch vom Rind**

- 1,0 L warmer Rinderfond
- 1 Büchse Kidneybohnen
- 5 geschälte Tomaten
- 4 mittelgroße Zwiebeln
- 1 Knoblauchzehe
- 4 EL Sonnenblumenöl
- 4 EL Tomatenmark
- 1 TL Paprika, rosenscharf
- 1 TL Chilipulver
- 1 TL Zucker
- Salz

Herstellung

Das Hackfleisch zerrupfen, die geschälten Zwiebeln klein würfeln, die Tomaten vierteln und die Knoblauchzehe hacken.
Zeitgleich lässt man 16 Grillbriketts durchglühen, packt die Hälfte kreisförmig unter einen 12"- Dutch Oven, gibt 4 Esslöffel Sonnenblumenöl hinein und brät das Hackfleisch scharf an. Danach werden die Zwiebeln kurz mit angeröstet, der Rinderfond zugegossen und die Kidneybohnen zugegeben.
Wenn alles etwas Temperatur angenommen hat rührt man das Tomatenmark, den Knoblauch sowie das Paprika- und Chilipulver unter.
Dann wird der Dutch Oven mit dem Deckel verschlossen und die restlichen 8 Briketts unregelmäßig darauf verteilt.
Die anschließende Garzeit beträgt ca. 30 - 40 Minuten.
Wenn das Chili Con Carne gar ist, rührt man den Zucker ein und schmeckt alles nochmals pikant mit Salz ab.

JÄGERSTIPPE

Zutaten für 6 - 8 Personen:

- **2,0 kg Hackfleisch vom Schwein**

- 1,0 L warmer Kalbsfond
- 300 g frische Champignons
- 1 Büchse geschälte Tomaten
- 4 mittelgroße Zwiebeln
- 4 EL Sonnenblumenöl
- 3 EL Tomatenketchup
- 2 TL Paprika, edelsüß
- schwarzer Pfeffer
- Salz

Herstellung

Das Hackfleisch zerrupfen, die geschälten Zwiebeln sowie die abgegossenen Tomaten klein würfeln und die geputzten Champignons in Scheiben schneiden. Zeitgleich lässt man 16 Grillbriketts durchglühen, packt die Hälfte kreisförmig unter einen 12“- Dutch Oven, gibt 4 Esslöffel Sonnenblumenöl hinein und brät das Hackfleisch scharf an. Beim Anbraten würzt man es mit etwas Salz und Pfeffer.
Danach wird das vorbereitete Gemüse zugegeben und der warme Kalbsfond zugegossen.
Wenn alles etwas Temperatur angenommen hat rührt man das Paprikapulver und Tomatenmark ein, verschließt den Dutch Oven mit dem Deckel und verteilt darauf unregelmäßig die restlichen 8 Briketts.
Die anschließende Garzeit beträgt ca. 30 - 40 Minuten.
Vor dem Servieren wird die Jägerstippe nochmals pikant mit Salz und Pfeffer abgeschmeckt.

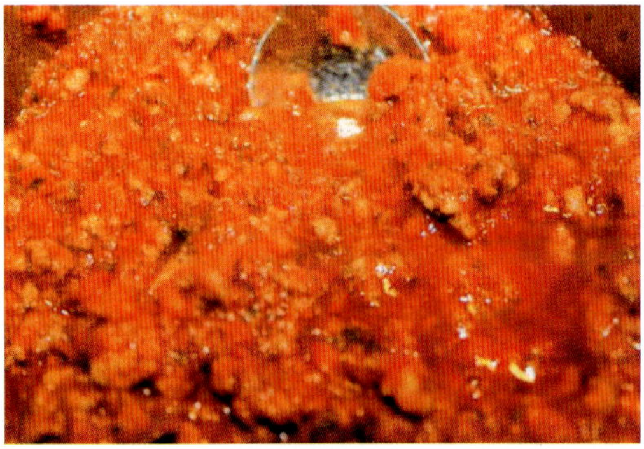

FLEISCH - CHAMPIGNON - PFANNE

Zutaten für 4 - 6 Personen:

- **1,0 kg Schweinegeschnetzeltes aus der Oberschale**

- 600 ml warmer Rinderfond
- 800 g frische Champignons
- 2 rote Paprikaschoten
- 2 mittelgroße Zwiebeln
- 4 EL Tomatenmark
- 3 EL Butterschmalz
- 3 TL Gyrosgewürz
- 1 Prise Zucker
- schwarzer Pfeffer
- Salz

Herstellung

Die geputzten Champignons in Scheiben, die geschälten Zwiebeln in Würfel und die vom Gehäuse befreiten Paprikaschoten in Streifen schneiden.
Zeitgleich lässt man 22 Grillbriketts durchglühen, packt 10 Stück kreisförmig unter den Deckel eines 12“- Dutch Ovens und zerlässt darin 2 Esslöffel Butterschmalz. Dann brät man portionsweise das zuvor gut mit dem Gyrosgewürz vermengte Schweinegeschnetzelte an.
Mit den restlichen 12 Grillbriketts richtet man kreisförmig eine zweite Feuerstelle ein, stellt den Dutch Oven darauf, zerlässt 1 Esslöffel Butterschmalz und schmort das vorbereitete Gemüse 5 Minuten darin an.
Danach wird das Geschnetzelte zugegeben, der Rinderfond zugegossen, das Tomatenmark eingerührt und der Topf mit dem Deckel verschlossen.
Anschließend muss die Fleisch - Champignon - Pfanne ca. 30 Minuten garen.
Vor dem Servieren wird alles nochmals pikant mit Salz und Pfeffer und einer Prise Zucker abgeschmeckt.

KALBSGESCHNETZELTES ZÜRICHER ART

Zutaten für 4 -6 Personen:

- **1,5 kg Kalbsgeschnetzeltes**

▪ 800	ml	warmer Kalbsfond	▪ 1		Bund Dill, gehackt
▪ 500	ml	Süße Sahne	▪ 3	EL	Butterschmalz
▪ 100	ml	trockener Weißwein	▪ ½	TL	Thymian, getrocknet
▪ 400	g	frische Champignons	▪		weißer Pfeffer
▪ 2		mittelgroße Zwiebeln	▪		Salz

Herstellung

Die geschälten Zwiebeln in kleine Würfel und die geputzten Champignons in Scheiben schneiden.
Zeitgleich lässt man 22 Grillbriketts durchglühen, packt 10 Stück kreisförmig unter den Deckel eines 12“- Dutch Ovens und zerlässt darin 2 Esslöffel Butterschmalz. Dann brät man portionsweise das Kalbsgeschnetzelte an und würzt es dabei mit Salz und weißem Pfeffer. Mit den restlichen 12 Grillbriketts richtet man kreisförmig eine zweite Feuerstelle ein, stellt den Dutch Oven darauf und schmort die Champignons und Zwiebeln in 1 Esslöffel Butterschmalz an.
Dann gibt man das Geschnetzelte dazu, gießt den Kalbsfond und Weißwein auf, rührt den Thymian ein und verschließt den Dutch Oven mit dem Deckel.
Anschließend muss das Kalbsgeschnetzelte ca. 25 Minuten garen.
Vor dem Servieren werden die Süße Sahne sowie der Dill eingerührt und alles nochmals pikant mit Salz und weißem Pfeffer abgeschmeckt.

CURRY - GESCHNETZELTES

Zutaten für 4 - 6 Personen:

- **1,6 kg Geschnetzeltes aus der Schweineschulter**

▪ 1,0	L	warmer Gemüsefond	▪ 1		Chicoree
▪ 300	ml	Süße Sahne	▪ 2	EL	Butterschmalz
▪ 400	g	frische Champignons	▪ ½	EL	Currypulver
▪ 2		mittelgroße Zwiebeln	▪		weißer Pfeffer
▪ 2		geschälte Tomaten	▪		Salz

Herstellung

Die geputzten Champignons in Scheiben, die geschälten Zwiebeln sowie die Tomaten in kleine Würfel und den Chicoree in Streifen schneiden.
Zeitgleich lässt man 22 Grillbriketts durchglühen, packt 10 Stück kreisförmig unter den Deckel eines 12“- Dutch Ovens und zerlässt darin das Butterschmalz. Dann brät man portionsweise das Schweinegeschnetzelte an und würzt es dabei mit Salz und weißem Pfeffer. Mit den restlichen 12 Grillbriketts richtet man kreisförmig eine zweite Feuerstelle ein, stellt den Dutch Oven darauf und gibt das Geschnetzelte hinein.
Danach wird das Gemüse zugegeben, der Gemüsefond zugegossen, das Currypulver eingerührt und der Topf mit dem Deckel verschlossen.
Anschließend muss das Curry - Geschnetzelte ca. 30 Minuten garen.
Vor dem Servieren wird die Süße Sahne eingerührt und alles nochmals pikant mit Salz und weißem Pfeffer abgeschmeckt.

BRATKARTOFFELN MIT LAUCH UND SPECK

Zutaten für 2 Personen:

- **400 g festkochende Kartoffeln**
- **100 g Bauchspeckwürfel**

- 2 EL Butterschmalz
- 2 EL Lauch, gehackt
- 1 mittelgroße Zwiebel
- 2 Prisen Salz
- 1 Prise Muskat
- 1 Prise schwarzer Pfeffer

Herstellung

Die Kartoffeln bissfest kochen, pellen und in dünne Scheiben schneiden. Zeitgleich lässt man 6 Grillbriketts durchglühen, packt sie kreisförmig unter den umgedrehten Deckel eines 12"- Dutch Ovens und zerlässt darin das Schmalz. Danach werden die Kartoffelscheiben hinein gegeben, mit den Gewürzen bestreut und unter mehrfachen Wenden knusprig angebraten.
Sobald sie etwas Farbe angenommen haben gibt man die Bauchspeckwürfel sowie die klein gewürfelte Zwiebel dazu.
Vor dem Servieren wird der gehackte Lauch unter die Bratkartoffeln gemischt.

BRATKARTOFFELN MEDITERRANER ART

Zutaten für 2 Personen:

- **400 g festkochende Kartoffeln**
- **80 g Schinkenspeckwürfel**

- 2 EL Butterschmalz
- 2 EL frische Petersilie, gehackt
- ½ TL Rosmarin, getrocknet
- 2 Prisen Paprika, rosenscharf
- 2 Prisen Salz
- 1 Prise weißer Pfeffer

Herstellung

Die Kartoffeln bissfest kochen, pellen und in dünne Scheiben schneiden. Zeitgleich lässt man 6 Grillbriketts durchglühen, packt sie kreisförmig unter den umgedrehten Deckel eines 12"- Dutch Ovens und zerlässt darin das Schmalz. Danach werden die Kartoffelscheiben hinein gegeben, mit den Gewürzen bestreut und unter mehrfachen Wenden knusprig angebraten.
Sobald sie etwas Farbe angenommen haben gibt man die Schinkenspeckwürfel dazu. Vor dem Servieren wird die gehackte Petersilie darüber gestreut.

RÜHREI MIT SCHINKENSPECK UND GOUDA

Zutaten für 4 Personen:

- **8 mittelgroße Eier**
- **200 g Schinkenspeckwürfel**
- ¾ EL Butter
- 3 Scheiben Gouda - Käse
- 2 mittelgroße Zwiebeln
- 1 Spritzer Tabascosauce
- 2 Prisen Salz
- 1 Prise Chilipulver

Herstellung

Die Eier in einer Schüssel mit der Tabascosauce, Salz und Chilipulver verquirlen. Zeitgleich lässt man 6 Grillbriketts durchglühen, packt sie kreisförmig unter den umgedrehten Deckel eines 12“- Dutch Ovens und zerlässt darin die Butter. Danach werden die Schinkenspeckwürfel und die geschälten, klein gewürfelten Zwiebeln scharf angebraten und die Eier darüber gegeben.
Unter ständigem Rühren wird die Masse dann solange mit einem Holzlöffel vermischt, bis sie gestockt ist. Zum Schluss legt man die Käsescheiben darauf und lässt sie etwas anschmelzen.

RÜHREI MIT BAUCHSPECK UND ZWIEBELN

Zutaten für 4 Personen:

- **8 mittelgroße Eier**
- **200 g Bauchspeckwürfel**
- ¾ EL Butter
- 2 mittelgroße Zwiebeln
- 1 Spritzer Tabascosauce
- 2 Prisen Salz
- 1 Prise schwarzer Pfeffer

Herstellung

Die Eier in einer Schüssel mit der Tabascosauce, Salz und Pfeffer verquirlen. Zeitgleich lässt man 6 Grillbriketts durchglühen, packt sie kreisförmig unter den umgedrehten Deckel eines 12“- Dutch Ovens und zerlässt darin die Butter. Danach werden die Bauchspeckwürfel und die geschälten, klein gewürfelten Zwiebeln kurz angeschmort und die Eier darüber gegeben.
Unter ständigem Rühren wird die Masse dann solange mit einem Holzlöffel vermischt, bis sie gestockt ist.

GYROS IN METAXASAUCE

Zutaten für 4 Personen:

- **1,2 kg Geschnetzeltes aus dem Schweinenacken**

- 1,0 L Süße Sahne
- 1 ½ mittelgroße Zwiebeln
- ½ rote Paprikaschote
- 4 EL Tomatenmark
- 3 EL Metaxa - Weinbrand
- 6 EL Rapsöl
- 1 EL trockener Weißwein
- 4 TL Gyrosgewürz

Herstellung

Die geschälten Zwiebeln fein hacken und die Paprikaschote klein würfeln. Zeitgleich lässt man 18 Grillbriketts durchglühen, packt 10 Stück kreisförmig unter den Deckel eines 12“- Dutch Ovens und erhitzt darin 4 Esslöffel Rapsöl. Dann brät man portionsweise das zuvor gut mit dem Gyrosgewürz vermengte Geschnetzelte an. Mit den restlichen Grillbriketts richtet man kreisförmig eine zweite Feuerstelle ein, stellt den Dutch Oven darauf und erhitzt darin das restliche Rapsöl. Dann werden die Zwiebeln und Paprika kurz angeschmort, mit dem Metaxa und Weißwein abgelöscht und die Süße Sahne zugegossen. Wenn alles aufgekocht ist rührt man das Tomatenmark ein, gibt das Geschnetzelte dazu und schmeckt die Metaxasauce pikant mit Salz ab.

GRIECHISCHE PFANNE

Zutaten für 4 Personen:

- **1,2 kg Geschnetzeltes aus dem Schweinenacken**

- 600 ml warmer Gemüsefond
- 600 g Zucchini, gewürfelt
- 400 g Creme fraiche
- 4 EL Rapsöl
- 4 TL Gyrosgewürz
- Salz

Herstellung

18 Grillbriketts durchglühen lassen, 10 Stück kreisförmig unter den Deckel eies 12“- Dutch Ovens packen und das Rapsöl darin erhitzen.Dann brät man portionsweise das zuvor gut mit dem Gyrosgewürz vermengte Geschnetzelte sowie die Zucchiniwürfel an und gibt sie in den Dutch Oven. Mit den restlichen 8 Briketts richtet man kreisförmig eine zweite Feuerstelle ein und stellt den Topf darauf. Dann wird der Gemüsefond aufgegossen, die Creme fraiche eingerührt und der Topf mit dem Deckel verschlossen. Anschließend muss die Griechische Pfanne ca. 20 Minuten garen und wird dann pikant mit Salz abgeschmeckt.

SZEGEDINER GULASCH

Zutaten für 4 - 5 Personen:

- **1,5 kg Schweineschulter, in Würfel geschnitten**

▪ 800	g	Sauerkraut ohne Saft	▪ 2	EL	Tomatenmark
▪ 500	ml	warmer Rinderfond	▪ 2	TL	Paprika, rosenscharf
▪ 100	ml	Schmand	▪ ½	TL	Kümmel, gemahlen
▪ 3		mittelgroße Zwiebeln	▪		weißer Pfeffer
▪ 4	EL	Sonnenblumenöl	▪		Salz

Herstellung

20 Grillbriketts durchglühen lassen, dann 12 Stück kreisförmig unter einen 12“-Dutch Oven legen, das Sonnenblumenöl erhitzen und die Schulterwürfel anbraten. Dabei würzt man sie kräftig mit Salz und weißem Pfeffer.
Danach werden die geschälten und klein gewürfelten Zwiebeln kurz mit angeschmort, der warme Rinderfond zugegossen, das Tomatenmark, Paprikapulver sowie der Kümmel eingerührt und das gut ausgedrückte Sauerkraut zugegeben.
Dann verschließt man den Dutch Oven mit dem Deckel, verteilt die restlichen 8 Briketts unregelmäßig darauf und lässt das Gulasch ca. 1 Stunde garen.
Vor dem Servieren wird der Schmand untergerührt und das Szegediner Gulasch nochmals pikant mit Salz und weißem Pfeffer abgeschmeckt.

DEFTIGES HIRSCHGULASCH

Zutaten für 4 - 6 Personen:

- **1,5 kg Hirschfleisch aus der Keule**
- **50 g fetter Speck**

400	ml	warmer Wildfond	2		mittelgroße Zwiebeln
400	ml	trockener Rotwein	2		Lorbeerblätter
100	ml	Süße Sahne	2	EL	Butterschmalz
300	g	Steinpilze	½	TL	Cayennepfeffer
3		Rosmarinzweige			Paprika, edelsüß
3		Thymianzweige			Salz

Herstellung

Das Hirschfleisch in ca. 2 cm große Würfel schneiden und den Speck sowie die geschälten Zwiebeln klein würfeln.
Zeitgleich lässt man 20 Grillbriketts durchglühen, packt 12 Stück kreisförmig unter einen 12“- Dutch Oven, erhitzt darin das Butterschmalz und brät die Hirschfleischwürfel zusammen mit dem Speck und den Zwiebeln an.
Dabei würzt man sie kräftig mit Salz und edelsüßem Paprika.
Dann wird mit dem Rotwein abgelöscht, der warme Wildfond zugegossen und der Cayennepfeffer eingerührt.
Danach gibt man die Rosmarin- und Thymianzweige sowie die Lorbeerblätter dazu, verschließt den Dutch Oven mit dem Deckel und verteilt die restlichen 8 Grillbriketts unregelmäßig darauf.
Die anschließende Garzeit beträgt ca. 2 Stunden, wobei nach 1,5 Stunden die geputzten Steinpilze zuzugeben sind.
Sollte während der Garzeit zu viel Flüssigkeit verdunsten, muss Wildfond nachgegossen werden.
Vor dem Servieren wird die Süße Sahne eingerührt und das Deftige Hirschgulasch nochmals pikant mit Salz abgeschmeckt.

FEURIGES BOHNENGULASCH

Zutaten für 6 - 8 Personen:

- **1,7 kg Rinderschulter**

▪ 1,0	L	warmer Gemüsefond	▪ 1	rote Paprikaschote
▪ 400	g	Kidneybohnen	▪ 2 EL	Butterschmalz
▪ 300	g	Chilibohnen in Soße	▪ 2 TL	Chilipulver
▪ 200	g	Tomatenmark	▪ 1	Prise Zucker
▪ 5		geschälte Tomaten	▪	schwarzer Pfeffer
▪ 2		mittelgroße Zwiebeln	▪	Salz

Herstellung

Das Rindfleisch in ca. 2 cm große Würfel schneiden.
Die vom Gehäuse befreite Paprikaschote sowie die geschälten Zwiebeln und die Tomaten klein würfeln.
Zeitgleich lässt man 20 Grillbriketts durchglühen, packt 12 Stück kreisförmig unter einen 12"- Dutch Oven, erhitzt darin das Butterschmalz und brät die Rindfleischwürfel an.
Dabei würzt man sie kräftig mit Salz und Pfeffer.
Dann werden die Kidney- und Chilibohnen, die Tomaten, Zwiebeln sowie die Paprikaschote zugegeben und der warme Gemüsefond zugegossen.
Danach rührt man das Tomatenmark und Chilipulver ein, verschließt den Dutch Oven mit dem Deckel und verteilt die restlichen 8 Grillbriketts unregelmäßig darauf.
Die anschließende Garzeit beträgt ca. 2,5 Stunden.
Sollte während der Garzeit zu viel Flüssigkeit verdunsten, muss etwas Gemüsefond nachgegossen werden.
Vor dem Servieren wird das Feurige Bohnengulasch nochmals pikant mit Salz, Pfeffer und einer Prise Zucker abgeschmeckt.

UNGARISCHES GULASCH MIT KNÖDELN

Zutaten für 6 - 8 Personen:

- 2,0 kg Rindergulasch

▪ 700	ml	warmer Rinderfond	▪ 3	EL	Tomatenmark
▪ 300	ml	trockener Rotwein	▪ 2	EL	Schweineschmalz
▪ 5		geschälte Tomaten	▪ ¾	EL	Paprika, edelsüß
▪ 3		rote Paprikaschoten	▪ 1	TL	Paprika, rosenscharf
▪ 3		mittelgroße Zwiebeln	▪		Salz

Zutaten für die Knödel:

▪ 200	g	Mehl	▪ 2	Prisen Salz
▪ 100	g	Butter	▪ 1	Prise schwarzer Pfeffer
▪ 3	EL	Wasser	▪ 1	Prise Muskat, gerieben

Herstellung

Die vom Gehäuse befreiten Paprikaschoten in Streifen und die geschälten Zwiebeln sowie die Tomaten klein würfeln.
Zeitgleich lässt man 20 Grillbriketts durchglühen, packt 12 Stück kreisförmig unter einen 12“- Dutch Oven, erhitzt darin das Schweineschmalz und brät das Rindergulasch unter Zugabe der Gewürze und etwas Salz scharf an.
Dann werden die Zwiebeln kurz mit angeschmort, alles mit dem Rotwein abgelöscht, die Tomaten und der Rinderfond zugegeben und das Tomatenmark eingerührt.
Danach verschließt man den Dutch Oven mit dem Deckel, verteilt die restlichen 8 Grillbriketts unregelmäßig darauf und lässt das Rindergulasch ca. 2,5 Stunden garen.
Während dieser Zeit wird die Knödelmasse zubereitet.
Hierfür schneidet man die weiche Butter in kleine Stücke, verknetet sie mit dem Mehl und den Gewürzen, gibt 3 EL Wasser dazu und knetet die Masse solange weiter, bis ein geschmeidiger Teig entstanden ist.
Aus dem Teig formt man dann 15 Knödel, die in den letzten 60 Minuten Garzeit zusammen mit den Paprikastreifen zum Gulasch gegeben werden.
Sollte während der Garzeit zu viel Flüssigkeit verdunsten, muss etwas Rinderfond nachgegossen werden.
Vor dem Servieren wird das Ungarische Gulasch pikant mit Salz abgeschmeckt.

KALBSRAHMGULASCH

Zutaten für 4 - 6 Personen:

- **3,0 kg Kalbshaxen mit Knochen**
- **200 g geräucherte Speckwürfel**

▪ 900	ml	warmer Kalbsfond	▪ 3		mittelgroße Zwiebeln
▪ 200	ml	trockener Weißwein	▪ 2		Eigelb
▪ 200	ml	Süße Sahne	▪ 2	EL	Butterschmalz
▪ 100	ml	Creme fraiche	▪ 2	EL	Tomatenmark
▪ 100	ml	Schmand	▪		weißer Pfeffer
▪ 500	g	frische Champignons	▪		Salz

Herstellung

Das Kalbsfleisch von den Knochen lösen und in ca. 2 cm große Stücke zerteilen.
Die geputzten Champignons in Scheiben und die geschälten Zwiebeln in kleine Würfel schneiden.
Zeitgleich lässt man 20 Grillbriketts durchglühen, packt 12 Stück kreisförmig unter einen 12"- Dutch Oven, erhitzt darin das Butterschmalz und brät das Kalbsfleisch zusammen mit den Speckwürfeln rundherum an.
Dabei wird es kräftig mit Salz und weißem Pfeffer gewürzt.
Danach gibt man den Speck, das vorbereitete Gemüse und das Tomatenmark dazu, lässt alles 10 Minuten mitschmoren und gießt dann den Kalbsfond sowie den Weißwein auf.
Nachdem alles gut verrührt wurde verschließt man den Dutch Oven mit dem Deckel und verteilt darauf unregelmäßig die restlichen 8 Grillbriketts.
Die anschließende Garzeit beträgt ca. 2,5 Stunden.
Danach wird der Topf von der Feuerstelle genommen, die Süße Sahne, Creme fraiche, der Schmand sowie die beiden Eigelb eingerührt und die Soße nochmals pikant mit Salz und weißem Pfeffer abgeschmeckt.

LINSENEINTOPF MIT BLUTWURST

Zutaten für 8 - 10 Personen:

- **1,5 kg Blutwurst in Scheiben**
- **200 g Bauchspeckwürfel**

▪ 2,0	L	Fleischbrühe (Instant)	▪ 2	EL	Sonnenblumenöl
▪ 1,5	kg	Tellerlinsen	▪ ¾	EL	Bohnenkraut, getrocknet
▪ 700	g	festkochende Kartoffeln	▪ 2	TL	Majoran, getrocknet
▪ 2		mittelgroße Zwiebeln	▪		schwarzer Pfeffer
▪ 2		Möhren	▪		Salz
▪ ½		Sellerieknolle			

Herstellung

Die Tellerlinsen 1,5 Stunden in kaltem Wasser einweichen und die geschälten Kartoffeln, Zwiebeln, Möhren und den Sellerie klein würfeln.
Zeitgleich lässt man 18 Grillbriketts durchglühen, packt 12 Stück kreisförmig unter einen 12"- Dutch Oven und füllt dann die Linsen samt Einweichwasser, die Fleischbrühe, das Bohnenkraut und den Majoran hinein.
Danach verschließt man den Topf mit dem Deckel, verteilt darauf unregelmäßig die restlichen 6 Grillbriketts und lässt alles ca. 45 Minuten kochen.
Kurz vor Ablauf der Kochzeit richtet man mit 6 ebenfalls kreisförmig angeordneten Grillbriketts eine zweite Feuerstelle ein, stellt den Deckel umgedreht als Pfanne darauf und brät die Bauchspeck- und Zwiebelwürfel im Sonnenblumenöl goldgelb an.
Danach wird beides, zusammen mit dem restlichen Gemüse, in den Dutch Oven gegeben, der Deckel wieder darauf gelegt und der Linseneintopf weitere 20 Minuten gekocht.
Anschließend schmeckt man ihn pikant mit Salz und Pfeffer ab.
Vor dem Servieren werden jeweils 3 Scheiben Blutwurst auf den Teller gelegt und der Linseneintopf dann darüber gegeben.

GRÜNER BOHNENEINTOPF MIT LAMM

Zutaten für 8 - 10 Personen:

- **2,0 kg Lammschulter ohne Knochen**
- **200 g Bauchspeckwürfel**

- 2,5 L Fleischbrühe (Instant)
- 1,6 kg frische Brechbohnen
- 800 g festkochende Kartoffeln
- 2 mittelgroße Zwiebeln
- 2 EL Sonnenblumenöl
- ¾ EL Bohnenkraut, getrocknet
- schwarzer Pfeffer
- Salz

Herstellung

Die Brechbohnen in Stücke und die geschälten Kartoffeln sowie die Zwiebeln in größere Würfel schneiden.
Zeitgleich lässt man 18 Grillbriketts durchglühen, packt 12 Stück kreisförmig unter einen 12"- Dutch Oven, füllt die kalte Fleischbrühe hinein und gibt die Lammschulter dazu.
Nach dem Aufkochen wird der Dutch Oven mit dem Deckel verschlossen, die restlichen 6 Grillbriketts unregelmäßig darauf verteilt und das Lammfleisch ca. 1 Stunde gegart. Anschließend wird es aus dem Topf genommen und nach dem Abkühlen in ca. 1,5 cm große Würfel geschnitten.
Danach gibt man es, zusammen mit den Brechbohnen und Kartoffeln, wieder in den Dutch Oven, legt den Deckel darauf und lässt den Bohneneintopf noch weitere 30 Minuten kochen.
Kurz vor dem Ende der Kochzeit richtet man mit 6 ebenfalls kreisförmig angeordneten Grillbriketts eine zweite Feuerstelle ein, stellt den Deckel umgedreht als Pfanne darauf, brät die Bauchspeck- und Zwiebelwürfel im Sonnenblumenöl goldgelb an und gibt beides zum Eintopf.
Anschließend schmeckt man ihn pikant mit Salz und Pfeffer ab.

SCHNELLER GYROSEINTOPF

Zutaten für 8 - 10 Personen:

- **2,0 kg Schweineschulter, in dünne Streifen geschnitten**

▪ 2,0	L	Gemüsebrühe (Instant)	▪ 1		grüne Paprikaschote
▪ 1,0	kg	festkochende Kartoffeln	▪ 6	EL	Tomatenmark
▪ 200	ml	Süße Sahne	▪ 4	EL	Rapsöl
▪ 6		geschälte Tomaten	▪ 4	TL	Gyrosgewürz
▪ 1		Dose Kidneybohnen	▪		weißer Pfeffer
▪ 1		rote Paprikaschote	▪		Salz

Herstellung

Die Schweineschulterstreifen gut mit dem Gyrosgewürz vermengen.
Die geschälten Kartoffeln sowie die Tomaten in kleine Würfel und die vom Gehäuse befreiten Paprikaschoten in kleine Stücke schneiden.
Zeitgleich lässt man 18 Grillbriketts durchglühen, packt 12 Stück kreisförmig unter einen 12“- Dutch Oven und brät die Fleischstreifen im heißen Rapsöl an. Dann werden die Tomatenwürfel kurz mit angeschmort, das Tomatenmark eingerührt und die Gemüsebrühe sowie die Süße Sahne zugegossen. Danach gibt man die Kartoffeln, Paprika und abgetropften Kidneybohnen dazu und verrührt alles gut. Anschließend wird der Dutch Oven mit dem Deckel verschlossen, die restlichen 6 Grillbriketts unregelmäßig darauf verteilt und der Schnelle Gyroseintopf ca. 30 Minuten gekocht..
Vor dem Servieren schmeckt man ihn nochmals pikant mit Salz und Pfeffer ab.

IRISH STEW

Zutaten für 6 - 8 Personen:

- **1,8 kg Hammelschulter ohne Knochen**

- 1,6 L Fleischbrühe (Instant)
- 1,8 kg Weißkohl
- 1,2 kg festkochende Kartoffeln
- 3 Möhren
- 2 Petersilienwurzeln
- 4 EL Sonnenblumenöl
- 2 TL Kümmel, gemahlen
- 2 TL Thymian, getrocknet
- schwarzer Pfeffer
- Salz

Herstellung

Die Hammelschulter in ca. 2 cm große Würfel schneiden.
Die geschälten Kartoffeln klein würfeln, die Möhren sowie die geschälten Petersilienwurzeln in Scheiben und den vom Strunk befreiten Weißkohl in breite Streifen schneiden.
Zeitgleich lässt man 18 Grillbriketts durchglühen, packt 12 Stück kreisförmig unter einen 12"- Dutch Oven und brät die Fleischwürfel zusammen mit den Petersilienwurzeln und Zwiebeln im heißen Sonnenblumenöl an.
Dabei wird alles kräftig mit Salz und Pfeffer gewürzt. Dann werden der Weißkohl und die Kartoffeln zugegeben, die Fleischbrühe zugegossen, die restlichen Gewürze zugefügt und alles gründlich verrührt. Anschließend verschließt man den Dutch Oven mit dem Deckel, verteilt die restlichen 6 Briketts unregelmäßig darauf und lässt das Irish Stew ca. 2 Stunden kochen.
Vor dem Servieren wird es nochmals pikant mit Salz und Pfeffer abgeschmeckt.

HESSISCHER KÜRBISEINTOPF

Zutaten für 8 - 10 Personen:

- **2 Eisbeine, gepökelt**

- 2,8 L Gemüsebrühe (Instant)
- 2,0 kg Hokkaido - Kürbisse
- 700 g festkochende Kartoffeln
- 2 mittelgroße Zwiebeln
- 2 Lauchstangen
- 2 Möhren
- ½ Sellerieknolle
- 1 EL Butterschmalz
- ½ EL Currypulver
- 3 Gewürznelken
- 2 Lorbeerblätter
- weißer Pfeffer
- Salz

Herstellung

Die Hokkaido - Kürbisse schälen, halbieren, entkernen und in ca. 1cm große Würfel schneiden.
Den Sellerie, die Kartoffeln, Zwiebeln sowie die Möhren schälen und klein würfeln.
Die Lauchstangen in feine Scheiben schneiden.
Zeitgleich lässt man 18 Grillbriketts durchglühen, packt 12 Stück kreisförmig unter einen 12“- Dutch Oven, füllt die kalte Gemüsebrühe hinein und gibt die Eisbeine zusammen mit den Zwiebeln, Lorbeerblättern und Gewürznelken dazu.
Nach dem Aufkochen wird der Dutch Oven mit dem Deckel verschlossen, die restlichen 6 Briketts unregelmäßig darauf verteilt und die Eisbeine ca. 1 Stunde gegart. Anschließend werden sie aus dem Topf genommen, das Fleisch nach dem Abkühlen in ca. 1,5 cm große Würfel geschnitten und zur Seite gestellt.
Zwischenzeitlich stellt man den Deckel des Dutch Ovens umgedreht als Pfanne auf die Feuerstelle und schwitzt die Lauchscheiben einige Minuten im heißen Butterschmalz an.
Danach gibt man sie, zusammen mit dem restlichen Gemüse, den Eisbeinwürfeln sowie dem Currypulver in den Dutch Oven, legt den Deckel darauf, stellt ihn wieder auf die Feuerstelle und lässt den Hessischen Kürbiseintopf noch weitere 30 Minuten kochen.
Vor dem Servieren wird er pikant mit Salz und weißem Pfeffer abgeschmeckt.

ALTBERLINER ERBSENEINTOPF

Zutaten für 8 - 10 Personen:

- **1,6 kg Kasselernacken ohne Knochen**
- **400 g Bauchspeckwürfel**

- 2,5 L Fleischbrühe (Instant)
- 700 g geschälte grüne Erbsen
- 700 g geschälte gelbe Erbsen
- 500 g festkochende Kartoffeln
- 2 mittelgroße Zwiebeln
- 2 Möhren
- ½ Sellerieknolle
- 2 EL Butterschmalz
- 1 TL Majoran, getrocknet
- 6 Pimentkörner
- 2 Lorbeerblätter
- schwarzer Pfeffer
- Salz

Herstellung

Die grünen und gelben Erbsen über Nacht (mindestens 12 Stunden) in kaltem Wasser einweichen.
Am Zubereitungstag den Kasselernacken in ca. 1,5 cm große Würfel schneiden und die geschälten Kartoffeln, Zwiebeln, Möhren sowie den Sellerie klein würfeln.
Zeitgleich lässt man 18 Grillbriketts durchglühen, packt 12 Stück kreisförmig unter einen 12"- Dutch Oven und füllt dann die gründlich abgetropften Erbsen, die Fleischbrühe, den Majoran, die Pimentkörner und Lorbeerblätter hinein.
Danach verschließt man den Topf mit dem Deckel, verteilt darauf unregelmäßig die restlichen 6 Grillbriketts und lässt alles ca. 1 Stunde kochen.
Kurz vor Ablauf der Kochzeit richtet man mit 8 ebenfalls kreisförmig angeordneten Grillbriketts eine zweite Feuerstelle ein, stellt den Deckel umgedreht als Pfanne darauf und brät die Kasselernacken- und Bauchspeckwürfel zusammen mit den Zwiebeln im heißen Butterschmalz an.
Danach wird alles zu den Erbsen in den Dutch Oven gegeben, die Kartoffeln, Möhren und der Sellerie zugefügt, der Deckel wieder darauf gelegt und der Altberliner Erbseneintopf weitere 60 Minuten gekocht.
Anschließend schmeckt man ihn pikant mit Salz und Pfeffer ab.

GRÜNKOHLEINTOPF

Zutaten für 6 - 8 Personen:

- **1,0 kg Kasselernacken ohne Knochen**
- **1,0 kg Schweinebauch ohne Knochen**

- 2,0 kg frischer Grünkohl
- 1,0 kg festkochende Kartoffeln
- 1,0 L Rinderbrühe (Instant)
- 2 TL Thymian, getrocknet
- schwarzer Pfeffer
- Salz

Herstellung

Den Grünkohl von Stielen und harten Blattrippen befreien, gründlich waschen und grob zerteilen. Das Fleisch und die Kartoffeln in ca. 1,5 cm große Würfel schneiden.

Zeitgleich lässt man 18 Grillbriketts durchglühen, packt 12 Stück kreisförmig unter einen 12"- Dutch Oven, gibt das Fleisch, den Grünkohl und Thymian hinein und gießt die Rinderbrühe dazu.

Danach wird der Topf mit dem Deckel verschlossen, die restlichen 6 Briketts unregelmäßig darauf verteilt und der Grünkohleintopf ca. 1,5 Stunden gegart.

Anschließend werden die Kartoffelwürfel zugegeben und der Eintopf noch ca. 30 Minuten weiter gegart.

Vor dem Servieren schmeckt man ihn pikant mit Salz und Pfeffer ab.

TÜRKISCHES FLADENBROT

Zutaten:

▪ 600	g	Weizenmehl (Type 405)	▪ 8		Basilikumblätter
▪ 320	ml	lauwarmes Wasser	▪ 1	TL	Tomatenflocken
▪ 4	EL	Olivenöl	▪ 1	TL	Kümmel, ganz
▪ 2	EL	Butter, geschmolzen	▪ 1	TL	Zucker
▪ 1		Packung Trockenhefe	▪ ½	TL	Salz

Herstellung

Das Mehl, Salz, den Zucker sowie die Trockenhefe in einer Schüssel gut miteinander vermischen. Danach das Olivenöl und die geschmolzene Butter zufügen, alles gut verkneten und dabei nach und nach das Wasser zugeben.
Sollte sich der Teig anschließend nicht leicht vom Schüsselrand lösen, ist noch etwas Wasser zuzufügen.
Den Teig dann mit einem Geschirrhandtuch abdecken, ca. 60 Minuten an einem warmen Ort gehen lassen und nochmals gut durchkneten. Danach einen Fladen entsprechend der Größe eines 12“ - Dutch Ovens formen, den Topf mit Backpapier auslegen, den Teigfladen hineinpacken und nochmals 15 Minuten ruhen lassen. Anschließend wird er mit einer Gabel mehrfach eingestochen, mit leicht angefeuchteten Händen vorsichtig abgerieben und mit den Basilikumblättern, den Tomatenflocken sowie dem Kümmel bestreut.
Zeitgleich lässt man 20 Grillbriketts durchglühen, richtet mit 6 Stück kreisförmig eine Feuerstelle ein und stellt den Dutch Oven darauf. Anschließend wird er mit dem Deckel verschlossen, die restlichen 14 Briketts unregelmäßig darauf verteilt und das Türkische Fladenbrot ca. 25 Minuten gebacken.

HÄHNCHENFLEISCH IM FLADENBROT

Zutaten für 4 Personen:

- **800 g Hähnchenbrustfilet**

- 1 Türkisches Fladenbrot
- 400 g Weißkraut
- 2 mittelgroße Tomaten
- 1 rote Zwiebel
- 1 grüner Salat
- 2 EL Rapsöl
- Paprika edelsüß
- weißer Pfeffer
- Salz

Zutaten für die Soße:

- 5 EL Schmand
- 5 EL Creme fraiche
- ½ Knoblauchzehe, gepresst

Herstellung

Das Hähnchenfleisch in dünne Streifen schneiden und mit Salz, weißem Pfeffer sowie dem edelsüßen Paprika würzen.
Die Zutaten für die Soße gut miteinander verrühren und das Fladenbrot vierteln. Die Tomaten und Zwiebeln in dünne Scheiben schneiden, den Salat waschen. Zeitgleich lässt man 8 Grillbriketts durchglühen und richtet damit kreisförmig eine Feuerstelle ein. Dann stellt man den Deckel des Dutch Ovens umgedreht als Pfanne darauf und brät die Hähnchenstreifen im heißen Rapsöl gar.
Danach werden die vier Fladenbrotstücken bis zur Hälfte aufgeschnitten und die Innenseiten, je nach Geschmack, mit 1 - 2 Esslöffel der Soße bestrichen. Anschließend legt man einige Salatblätter hinein und füllt jeweils 200g Hähnchenfleisch, 2 Tomaten- und Zwiebelscheiben sowie 100g Weißkraut hinein.

SCHINKEN - ZWIEBELBROT

Zutaten:

- 750 g Weizenmehl (Type 550)
- 450 ml lauwarmes Wasser
- 200 g Baconwürfel
- ¾ EL Butterschmalz
- 1 Würfel frische Hefe
- 1 mittelgroße Zwiebel
- 2 Prisen Salz

Herstellung

Mit 6 durchgeglühten Grillbriketts kreisförmig eine Feuerstelle einrichten und den Deckel des Dutch Oven umgedreht als Pfanne darauf stellen.
Das Butterschmalz darin erhitzen und die Baconwürfel sowie die geschälte und klein gewürfelte Zwiebel anbraten.
Das gesiebte Mehl in eine Schüssel füllen und gut mit der fein zerkrümelten frischen Hefe und dem Salz vermischen.
Danach die abgetropften Bacon- und Zwiebelwürfel zufügen und die Masse unter allmählicher Zugabe des lauwarmen Wassers gut zu einem Teig verkneten.
Den Teig dann mit einem Geschirrhandtuch abdecken, ca. 45 Minuten an einem warmen Ort gehen lassen und nochmals gut durchkneten.
Dann wird er auf einer mit Mehl bestreuten Arbeitsfläche entsprechend der Größe eines 12" - Dutch Ovens zu einem runden Brotlaib geformt, in den mit Backpapier ausgelegten Topf gepackt und muss weitere 15 Minuten ruhen
Damit der Teig eine gute Elastizität erhält und später besser aufgeht, bepinselt man die Oberfläche anschließend mit lauwarmen Wasser.
Zeitgleich lässt man 18 Grillbriketts durchglühen, richtet mit 6 Stück kreisförmig eine Feuerstelle ein und stellt den Dutch Oven darauf.
Dann wird er mit dem Deckel verschlossen, die restlichen 12 Briketts unregelmäßig darauf verteilt und das Brot ca. 60 Minuten gebacken.
Während dieser Zeit muss der Deckel mit den Briketts zweimal um 90 Grad gedreht werden, damit das Brot gleichmäßig Farbe bekommt.
Nach Ablauf von 40 Minuten packt man noch weitere 4 Grillbriketts auf den Deckel.
Dadurch erhält das Schinken - Zwiebelbrot eine schöne, leckere Kruste.
Zum Abschluss wird es nochmals mit lauwarmem Wasser bepinselt.

MALZBIERBROT

Zutaten:

- 750 g Weizenmehl (Type 1050)
- 330 ml lauwarmes Malzbier
- 2 EL Olivenöl
- ½ EL getrocknete Röstzwiebeln
- 1 Würfel frische Hefe
- 1 TL Salz
- ½ TL Knoblauchpulver
- ½ TL Chilipulver

Herstellung

Das gesiebte Mehl in eine Schüssel füllen und gut mit der fein zerkrümelten frischen Hefe und dem Salz vermischen.
Danach das lauwarme Malzbier sowie das Olivenöl zufügen und die Masse gut zu einem Teig verkneten.
Den Teig dann mit einem Geschirrhandtuch abdecken und ca. 45 Minuten an einem warmen Ort gehen lassen.
Dann wird er auf einer mit Mehl bestreuten Arbeitsfläche flach gedrückt, mit den getrockneten Röstzwiebeln sowie dem Knoblauch- und Chilipulver bestreut und nochmals kurz durchgeknetet.
Danach formt man ihn entsprechend der Größe eines 12“ - Dutch Ovens zu einem runden Brotlaib und ritzt die Oberfläche rautenförmig und ca. 1cm tief ein.
Anschließend wird der Teig in den mit Backpapier ausgelegten Topf gepackt und muss noch weitere 20 Minuten ruhen.
Zeitgleich lässt man 24 Grillbriketts durchglühen, richtet mit 8 Stück kreisförmig eine Feuerstelle ein und stellt den Dutch Oven darauf.
Dann wird er mit dem Deckel verschlossen, die restlichen 16 Briketts unregelmäßig darauf verteilt und das Malzbierbrot ca. 60 Minuten gebacken.
Während dieser Zeit muss der Deckel mit den Briketts zweimal um 90 Grad gedreht werden, damit das Brot gleichmäßig Farbe bekommt.
Wenn es eine leckere, knusprige Kruste hat, ist es fertig.

MAISBROT

Zutaten:

▪ 400	g	Mais (Konserve)	▪ 2		mittelgroße Zwiebeln
▪ 300	ml	Naturjoghurt	▪ 2		mittelgroße Eier
▪ 200	g	Baconscheiben	▪ 1 ½	EL	Sonnenblumenöl
▪ 150	g	Baconwürfel	▪ 1	EL	Akazienhonig
▪ 150	g	Maismehl	▪ 1 ½	TL	Backpulver
▪ 100	g	Weizenmehl (Type 550)	▪ ½	TL	Natron
▪ 80	g	Butter	▪ ½	TL	Salz

Herstellung

Mit 6 durchgeglühten Grillbriketts kreisförmig eine Feuerstelle einrichten und den Deckel des Dutch Oven umgedreht als Pfanne darauf stellen.
Das Sonnenblumenöl darin erhitzen und die Baconwürfel sowie die geschälten und klein gewürfelten Zwiebeln anbraten.
Das Mais- und Weizenmehl, den Zucker, das Natron und Salz in eine Schüssel füllen und die Zutaten so an den Rand drücken, dass eine Mulde entsteht.
Dann die Eier, den Joghurt und die Milch in die Mulde füllen und alles solange mit einem Mixer verrühren, bis sich die Zutaten miteinander verbunden haben.
Danach werden die geschmolzene Butter, der Honig, der gut abgetropfte Mais sowie die Bacon- und Zwiebelwürfel zugegeben und die Masse solange miteinander vermischt, bis ein geschmeidiger Teig entstanden ist.
Anschließend legt man die Baconscheiben so in einem 12“- Dutch Oven aus, dass der Boden und ein Stück vom Rand bedeckt sind. Dadurch brennt das Maisbrot während der Zubereitung nicht an.
Zeitgleich lässt man 28 Grillbriketts durchglühen, richtet mit 7 Stück kreisförmig eine Feuerstelle ein, stellt den Dutch Oven darauf und füllt den Maisbrotteig hinein.
Dann wird der Topf mit dem Deckel verschlossen, die restlichen 21 Briketts unregelmäßig darauf verteilt und das Maisbrot ca. 40 - 50 Minuten gebacken.
Während dieser Zeit muss der Deckel mit den Briketts mindestens einmal um 90 Grad gedreht werden, damit das Brot gleichmäßig Farbe bekommt.

ZWIEBELBRÖTCHEN

Zutaten für 8 Brötchen:

- 500 g Weizenmehl (Type 550)
- 350 ml lauwarmes Wasser
- 1 Packung Trockenhefe
- 1 EL getrocknete Röstzwiebeln
- ¾ TL Salz

Herstellung

Das gesiebte Mehl in eine Schüssel füllen und gut mit der Trockenhefe und dem Salz vermischen.
Danach allmählich das lauwarme Wasser zufügen und die Masse gut zu einem Teig verkneten.
Den Teig dann mit einem Geschirrhandtuch abdecken und ca. 30 Minuten an einem warmen Ort gehen lassen.
Dann wird er auf einer mit Mehl bestreuten Arbeitsfläche flach gedrückt, mit den getrockneten Röstzwiebeln bestreut und nochmals kurz durchgeknetet.
Danach formt man aus dem Teig 8 gleichgroße Brötchen, packt sie „sonnenförmig“ in einen mit Backpapier ausgelegten 12“- Dutch Oven und lässt sie noch weitere 20 Minuten gehen.
Zeitgleich lässt man 24 Grillbriketts durchglühen, richtet mit 6 Stück kreisförmig eine Feuerstelle ein und stellt den Dutch Oven darauf.
Dann wird er mit dem Deckel verschlossen, die restlichen 18 Briketts unregelmäßig darauf verteilt und die Zwiebelbrötchen ca. 45 Minuten gebacken.
Während dieser Zeit sollten sie 2 - 3 Mal mit Milch bepinselt werden.
Dadurch erhalten sie eine schöne goldbraune Farbe.

CHEESECAKE

Zutaten für den Boden:

▪ 200	g	Butterkekse	▪ 2	EL	Zucker
▪ 75	g	Butter	▪ 1		Packung Vanillezucker

Zutaten für den Belag:

▪ 500	g	Magerquark	▪ 6		mittelgroße Eier
▪ 200	g	Naturjoghurt	▪ 1		kleine Dose Mandarinen
▪ 125	g	Zucker	▪ 1		Prise Salz

Herstellung

Die Butterkekse portionsweise in einen Gefrierbeutel legen.
Den Beutel mit einem Clip verschließen und die Kekse mit Hilfe eines Fleischklopfers oder kleinen Hammers vorsichtig zerkleinern.
Die Keksbrösel dann zusammen mit 2 Esslöffel Zucker, dem Vanillezucker und der geschmolzenen Butter in eine Schüssel geben und alles gut miteinander verkneten.
Danach einen 12"- Dutch Oven mit Backpapier auslegen und den Keksteig so fest hineindrücken, dass er einen ebenen Boden ergibt.
Die Eier trennen. Das Eiweiß zur Seite stellen, die Eigelb in eine zweite Schüssel geben und mit dem Zucker, Magerquark, Naturjoghurt sowie einer Prise Salz zu einer einheitlichen Masse mixen.
Dann das Eiweiß steif schlagen, zusammen mit den abgetropften Mandarinen unterheben und die Masse gleichmäßig auf dem Keksboden verteilen.
Zeitgleich lässt man 24 Grillbriketts durchglühen, richtet mit 8 Stück kreisförmig eine Feuerstelle ein und stellt den Dutch Oven darauf.
Dann wird er mit dem Deckel verschlossen, die restlichen 16 Briketts unregelmäßig darauf verteilt und der Cheesecake ca. 45 Minuten gebacken.
Während dieser Zeit muss der Deckel mit den Briketts mindestens einmal um 90 Grad gedreht werden, damit der Kuchen gleichmäßig Farbe bekommt.
Ob der Kuchen fertig gebacken ist lässt sich optisch an einer schönen goldbraunen Oberfläche erkennen und praktisch ganz einfachen testen, indem man vorsichtig mit einem Holzstäbchen in den Teig hinein sticht.
Bleiben beim Herausziehen Teigreste am Stäbchen hängen, muss er noch etwas weiterbacken. Wenn das Holz sauber ist, kann der Kuchen nach dem Abkühlen verzehrt werden.

Den Keksboden schön festdrücken.

Den Belag darauf verteilen.

Der fertige Cheesecake.

KOKOS - KIRSCH - KUCHEN

Zutaten für den Boden:

- 250 g Weizenmehl (Type 405)
- 130 g Butter
- 80 g Zucker
- 1 Packung Vanillezucker
- 1 mittelgroßes Ei
- 2 TL Backpulver

Zutaten für den Belag:

- 500 ml Milch
- 100 g Mandelstifte
- 80 g Zucker
- 50 g Bratmargarine
- 1 Packung Backfeste Puddingcreme
- 6 EL Süße Sahne
- 50 g Kokosraspel
- 50 g Kokoschips
- 1 Glas Schattenmorellen

Herstellung

Alle Zutaten für den Boden in eine Schüssel geben, zu einem gleichmäßigen Teig verkneten und in einem zuvor mit Backpapier ausgelegten 12“- Dutch Oven auslegen. Danach die vorher gut in einem Sieb abgetropften Schattenmorellen auf dem Teigboden verteilen. Dann die Milch und die Backfeste Puddingcreme mit einem Schneebesen verrühren und über die Kirschen gießen.
Mit 6 durchgeglühten Grillbriketts kreisförmig eine Feuerstelle einrichten, den Deckel des Dutch Oven umgedreht als Pfanne darauf stellen und die Bratmargarine erhitzen. Danach gibt man zuerst 80g Zucker in die Pfanne, dann die Süße Sahne und zum Schluss die Mandelstifte. Sobald die Masse etwas angedünstet ist, wird sie auf der Puddingcreme verteilt
Zeitgleich lässt man 20 Grillbriketts durchglühen, richtet mit 8 Stück kreisförmig eine neue Feuerstelle ein und stellt den Dutch Oven darauf.
Dann wird er mit dem Deckel verschlossen, die restlichen 12 Briketts unregelmäßig darauf verteilt und der Kuchen ca. 40 Minuten gebacken.
Danach streut man die Kokosraspeln und Kokoschips darauf und backt ihn ungefähr noch 20 Minuten weiter.
Während der Backzeit muss der Deckel mit den Briketts mindestens einmal um 90 Grad gedreht werden, damit der Kuchen gleichmäßig Farbe bekommt.
Ob der Kokos - Kirsch - Kuchen fertig gebacken ist lässt sich optisch an einer schönen goldbraunen Oberfläche erkennen und praktisch ganz einfachen testen, indem man vorsichtig mit einem Holzstäbchen in den Teig hinein sticht.
Bleiben beim Herausziehen Teigreste am Stäbchen hängen, muss er noch etwas weiterbacken. Wenn das Holz sauber ist, kann der Kuchen nach dem Abkühlen verzehrt werden.

HASELNUSS - KIRSCH - SCHNECKEN

Zutaten für den Grundteig:

- 500 g Weizenmehl (Type 405)
- 250 ml lauwarme Milch
- 80 g Butter
- 2 TL Zucker
- 1 Packung Vanillepuddingpulver
- 1 Packung Vanillezucker
- 1 Packung Trockenhefe
- 1 mittelgroßes Ei
- 1 Prise Salz

Zutaten für die Füllung und den Zuckerguss:

- 250 g Puderzucker
- 80 g gehackte Haselnüsse
- ¾ Glas Schattenmorellen
- 4 EL kaltes Wasser
- Sauerkirschmarmelade

Herstellung

Alle Zutaten für den Grundteig in eine Schüssel geben und zu einem gleichmäßigen Teig verkneten.
Den Teig dann mit einem Geschirrhandtuch abdecken und ca. 60 Minuten an einem warmen Ort gehen lassen.
Danach wird er auf einer mit Mehl bestreuten Arbeitsfläche dünn ausgerollt, mit Sauerkirschmarmelade bestrichen und darauf die Haselnüsse gestreut.
Anschließend legt man die in einem Sieb gut abgetropften Schattenmorellen in die Mitte des Teigs und rollt ihn wie eine Roulade zusammen.
Dann schneidet man aus der Teigrolle 12 gleichgroße Teile, packt sie „sonnenförmig“ in einen mit Backpapier ausgelegten 12“- Dutch Oven und lässt sie noch weitere 20 Minuten gehen.
Zeitgleich lässt man 24 Grillbriketts durchglühen, richtet mit 8 Stück kreisförmig eine Feuerstelle ein und stellt den Dutch Oven darauf.
Danach wird er mit dem Deckel verschlossen, die restlichen 16 Briketts unregelmäßig darauf verteilt und die Schnecken ca. 30 - 40 Minuten gebacken.
Während der Backzeit muss der Deckel mit den Briketts mindestens einmal um 90 Grad gedreht werden, damit die Schnecken gleichmäßig Farbe bekommen.
Ob sie fertig gebacken sind lässt sich optisch an einer schönen goldbraunen Oberfläche erkennen und praktisch ganz einfachen testen, indem man vorsichtig mit einem Holzstäbchen in den Teig hinein sticht. Bleiben beim Herausziehen Teigreste am Stäbchen hängen, müssen sie noch weiterbacken.
Wenn die Schnecken fertig gebacken sind, werden sie nach dem Abkühlen mit dem im kalten Wasser verrührten Puderzucker bepinselt.
Sobald der Zuckerguss fest geworden ist, können sie verzehrt werden.

APFELKUCHEN

Zutaten:

▪ 300	g	Weizenmehl (Type 405)	▪ 1		Packung Vanillezucker
▪ 150	g	Zucker	▪ 2	EL	Sonnenblumenöl
▪ 140	g	gehackte Haselnüsse	▪ 2	TL	Backpulver
▪ 100	g	weiche Butter	▪ 1	TL	Zimt
▪ 3		mittelgroße Äpfel (Pink Lady)	▪ ½	TL	Kardamom
▪ 3		mittelgroße Eier	▪ 1		Prise Salz

Herstellung

Alle Zutaten, außer den Haselnüssen und Äpfeln, in eine Schüssel geben und zu einem gleichmäßigen Teig verkneten.
Zum Schluss die gehackten Haselnüsse und klein gewürfelten Äpfel unterkneten und den Teig in einem zuvor mit Backpapier ausgelegten 12“- Dutch Oven geben.
Zeitgleich lässt man 24 Grillbriketts durchglühen, richtet mit 8 Stück kreisförmig eine Feuerstelle ein und stellt den Dutch Oven darauf.
Dann wird er mit dem Deckel verschlossen, die restlichen 16 Briketts unregelmäßig darauf verteilt und der Apfelkuchen ca. 45 Minuten gebacken.
Während der Backzeit muss der Deckel mit den Briketts mindestens einmal um 90 Grad gedreht werden, damit der Kuchen gleichmäßig Farbe bekommt.
Ob er fertig gebacken ist lässt sich optisch an einer schönen goldbraunen Oberfläche erkennen und praktisch ganz einfachen testen
Hierfür sticht man vorsichtig mit einem Holzstäbchen in den Teig hinein und wenn beim Herausziehen Teigreste am Stäbchen hängen bleiben, muss er noch etwas weiterbacken.
Wenn das Holz sauber ist, kann der Apfelkuchen nach dem Abkühlen verzehrt werden.

BBQ - SAUCE

Zutaten für ca. 250g:

- 100 ml Tomatenmark
- 100 ml Wasser
- ½ EL Rohrzucker
- 2 TL Essig (5% Säure)
- 1 ½ TL Akazienhonig
- 1 ½ TL Rauchsalz
- 1 TL Senf, mittelscharf
- 1 ½ Knoblauchzehen, gepresst
- ½ kleine Zwiebel, gehackt
- 6 Spritzer Tabascosauce

Herstellung:

Alle Zutaten in eine Schüssel geben und gut miteinander verrühren.
Sollte die Konsistenz der Sauce zu flüssig sein, muss noch etwas Tomatenmark zugegeben werden und wenn sie zu dick ist, etwas Wasser.
Anschließend füllt man die BBQ - Sauce in verschließbare Behältnisse aus Glas und lässt sie vor dem Verzehr mindestens 4 Stunden ziehen.
Im Kühlschrank aufbewahrt ist sie ca. 7 Tage haltbar.

HOT - CHILI - SAUCE

Zutaten für ca. 250g:

- 8 TL Tomatenflocken
- 3 TL Tabascosauce
- 3 TL Zucker
- 2 TL Cayennepfeffer
- 2 TL Salz
- 1 TL Chiliflocken
- 6 geschälte Tomaten (Dose)
- ½ Knoblauchzehe, gepresst

Herstellung:

Die geschälten Tomaten pürieren und die getrockneten Tomatenflocken im Mörser fein zerstoßen. Danach alle Zutaten in eine Schüssel geben und gut miteinander verrühren.
Anschließend füllt man die Hot - Chili - Sauce in verschließbare Behältnisse aus Glas und lässt sie vor dem Verzehr mindestens 4 Stunden ziehen.
Im Kühlschrank aufbewahrt ist sie ca. 7 Tage haltbar.

KNOBLAUCHSAUCE

Zutaten für ca. 250g:

- 8 EL Naturjoghurt
- 1 ½ TL Zucker
- 1 TL Tomatenmark
- 1 TL Senf, mittelscharf
- 1 TL Zitronensaft
- 1 TL Salz
- 2 Knoblauchzehen, gepresst

Herstellung:

Alle Zutaten in eine Schüssel geben und gut miteinander verrühren. Anschließend füllt man die Knoblauchsauce in verschließbare Behältnisse aus Glas und lässt sie vor dem Verzehr mindestens 4 Stunden ziehen.
Im Kühlschrank aufbewahrt ist sie ca. 2 Tage haltbar.

SCHASCHLIKSAUCE

Zutaten für ca. 250g:

- 10 EL Tomatenketchup
- 5 EL Sonnenblumenöl
- 2 ½ TL Senf, mittelscharf
- 2 ½ TL Chiliflocken
- 1 ½ TL Zitronensaft
- ¾ TL Salz
- ¾ TL Tabascosauce
- 1 Zwiebel, fein gehackt

Herstellung:

Alle Zutaten in eine Schüssel geben und gut miteinander verrühren. Anschließend füllt man die Schaschliksauce in verschließbare Behältnisse aus Glas und lässt sie vor dem Verzehr mindestens 4 Stunden ziehen.
Im Kühlschrank aufbewahrt ist sie ca. 7 Tage haltbar.

Orangen - Senf

Zutaten für ca. 250g:

- 5 EL Senf, mittelscharf
- 7 ½ EL pürierte Orangen (Dose)
- 1 TL Rauchsalz
- ¼ TL Koriander, gemahlen

Herstellung:

Alle Zutaten in eine Schüssel geben und gut miteinander verrühren.
Den Orangen - Senf anschließend in verschließbare Behältnisse aus Glas oder Ton füllen und vor dem Verzehr mindestens 24 Stunden ziehen lassen.
Die Aufbewahrung sollte dann im Kühlschrank erfolgen.

Honig - Senf

Zutaten für ca. 250g:

- 5 EL Senf, mittelscharf
- 2 ½ TL Orangenschale, getrocknet
- 2 ½ TL Akazienhonig
- ¼ TL Koriander, gemahlen

Herstellung:

Alle Zutaten in eine Schüssel geben und gut miteinander verrühren.
Den Honig - Senf anschließend in verschließbare Behältnisse aus Glas oder Ton füllen und vor dem Verzehr mindestens 24 Stunden ziehen lassen.
Die Aufbewahrung sollte dann im Kühlschrank erfolgen.

Tomaten - Senf

Zutaten für ca. 250g:

- 7 EL Senf, mittelscharf
- 7 EL Tomatenflocken
- 3 ½ EL Tomatenmark
- ¼ TL Koriander, gemahlen

Herstellung:

Die getrockneten Tomatenflocken im Mörser fein zerstoßen.
Dann alle Zutaten in einer Schüssel gut miteinander verrühren.
Den Tomaten - Senf anschließend in verschließbare Behältnisse aus Glas oder Ton füllen und vor dem Verzehr mindestens 24 Stunden ziehen lassen.
Die Aufbewahrung sollte danach im Kühlschrank erfolgen.

Chili - Senf

Zutaten für ca. 250g:

- 8 EL Senf, mittelscharf
- 4 TL Chiliflocken
- 3 TL Cayennepfeffer
- 2 TL Rauchsalz
- 2 TL Koriander, gemahlen
- 1 TL Tabascosoße

Herstellung:

Alle Zutaten in eine Schüssel geben und gut miteinander verrühren.
Den Chili - Senf anschließend in verschließbare Behältnisse aus Glas oder Ton füllen und vor dem Verzehr mindestens 24 Stunden reifen lassen.
Die Aufbewahrung sollte dann im Kühlschrank erfolgen.

SACHWORTREGISTER

SACHWORTREGISTER

BILDNACHWEIS

- **Fotos von K.v.Roschinsky:**
  Coverfotos Vorder- und Rückseite
  Seite: 4, 21, 23 unten, 25, 28 unten, 36, 42, 45, 46, 47, 49, 51, 53, 57, 58, 67, 73, 79, 83, 85, 87, 89, 90, 95, 99 oben, 101, 107, 113, 135, 139, 160, 167, 169, 171

- **Fotos von „Grillstar.de GmbH“ - Berliner Str. 504, 33334 Gütersloh**
  Seite: 1, 5, 19, 19, 28 oben, 29, 30, 31 unten, 32, 33, 34, 35

- **Fotos von „Bigstockphoto“ - www.bigstockphoto.com**
  Seite: 3, 14, 15, 17, 22, 23 oben und Mitte, 24, 31 oben, 37, 38, 39, 40, 41, 61, 62, 99 unten, 105, 115, 117, 119, 125, 126, 131, 133, 137, 140, 141, 142, 143, 144, 145, 149, 156, 157, 161, 162, 163, 175, 176, 177, 178, 179, 180, 181, 182, 183

NÜTZLICHE ADRESSEN	
Fleischereibedarf, Messer, Gewürze und Marinaden	www.hausschlachtebedarf.de
Dutch Oven und Zubehör	www.grillstar.de
Petromax Dutch Oven und Zubehör	www.pelam.de
Fleischereibedarf	www.spies-irxleben.de
Bücher und Rezepte der Autorin	www.wurstrezepte.org

P. Triegel (Fleischermeister)

Das große DDR - Wurstbuch

Räuchern - Wursten - Pökeln

Mit 100 DDR - Wurstrezepten

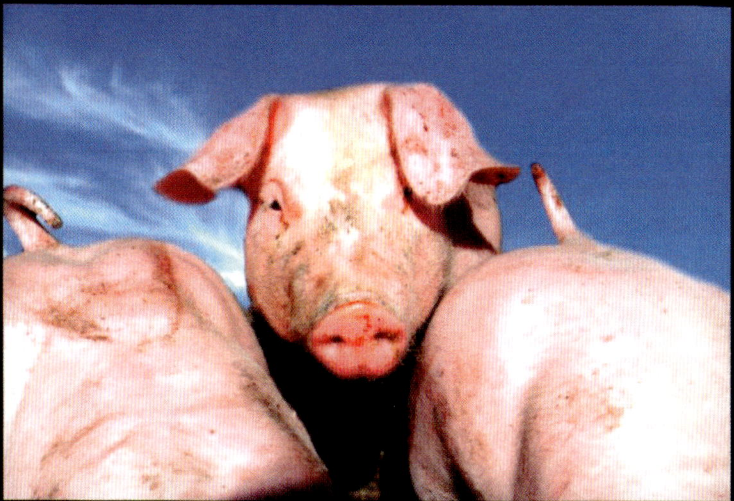

Vom Fleischermeister Schritt für Schritt erklärt.

www.wurstrezepte.org

P.Triegel (Fleischermeister)

Meine eigene Bratwurst

Grillen - Wursten - Genießen

Mit 72 Rezepten und 105 Farbfotos ...

www.wurstrezepte.org

P.Triegel (Fleischermeister)

Die Räucherfibel XXL

Schwein - Rind - Wild - Geflügel

Mit 76 Rezepten und 162 Farbfotos...

Vom Fleischermeister Schritt für Schritt erklärt

www.wurstrezepte.org